« *Je ne suis pas citoyen d'Athènes mais du monde entier.* »

Aristote

Quelles valeurs universelles rassemblent les différents peuples et cultures ?

« *Toute solution à un problème passe par trois phases : elle est d'abord ridiculisée, puis combattue, avant d'être acceptée comme une évidence.* »

Arthur Schopenhauer

LE LANGAGE UNIVERSEL DE LA NATURE

Une nouvelle méthode de résolution de conflits et de leadership authentique

ALEXANDRA SITCH

Publié par Hybrid Global Publishing
301 E 57th Street
4ème étage
New York, NY 10022

Sitch, Alexandra
Le Langage universel de la nature : une nouvelle méthode de résolution de conflits et de leadership authentique
    ISBN : 978-1-951943-65-3
    eBook : 978-1-951943-66-0

Traduction : Christine Papillon
Révision et correction : Michel Houbaut
Conception de la couverture : Jonathan Pleska
Conception intérieure : Suba Murugan
Photographie : Galina Ivanova

@fotoformemories
La Bibliothèque nationale allemande répertorie cette publication dans la Deutsche Nationalbibliografie. Vous trouverez les données bibliographiques détaillées sur Internet à l'adresse http ://dnb.d-nb.de.

SOMMAIRE

PROLOGUE

J'ai toujours été impressionnée par le tableau dans la chambre de mes grands-parents : il représentait une ballerine qui ressemblait à ma grand-mère, et je rêvais d'être comme elle : rêveuse, confiante et féminine, libre d'être moi-même, de porter des jupes légères et féminines, de pouvoir parler de musique et de sentiments tout en étant prise au sérieux.

Le beau setter irlandais de mon oncle - je l'adorais et passais le plus de temps possible avec lui. Ma famille n'a pas tout de suite compris cette affinité – après tout, un chien, ce n'est pas très propre, c'est plein de bactéries, on risque de tomber malade.

Mes premières leçons d'équitation alors que j'étais encore une petite fille - une ferme avec des moniteurs d'équitation hurlant à travers le manège et terrifiant les chevaux. Les chevaux effrayés s'emballaient régulièrement, partant au galop, et les enfants tombaient tout aussi souvent de leur monture. Quelque peu intimidée par les chevaux, j'étais moi-même très prudente en selle. L'agitation dans ce manège lui donnait des airs d'arène sauvage. « C'est toi qui commande ! » me criait le moniteur. Pas un mot sur la sensibilité ou l'empathie pour les chevaux et pas l'ombre d'une idée de leur psychologie. Est-ce que c'est vraiment l'homme qui commande ? À mon avis, quelque chose clochait.

Il arrivait parfois que les enfants se mettent à se disputer, sans raison. J'essayais d'amener les filles à parler de leurs problèmes ou des malentendus. Elles se contentaient de sourire niaisement, sans pour autant joindre le geste à la parole. On continuait à parler dans le dos les uns des autres.

Les cours de religion à l'école - des chansons et des textes louant l'humilité et la soumission de l'homme. Le bon Dieu arrangerait tout pour le mieux. Était-ce vraiment la bonne attitude pour l'homme ?

Enfant, j'avais souvent l'impression que peu de choses dans la vie étaient logiques. Certaines convictions ne me paraissaient pas vraiment réalistes. Elles ne correspondaient en rien à mon intuition, mais celui qui s'y opposait était généralement catalogué comme fou ou bizarre, loin de toute « réalité ». Mais de quelle réalité ?

Enfant, on a généralement du mal à exprimer ses sentiments et à expliquer une situation. On a envie d'une seule chose – être apprécié et préserver ce sentiment de sécurité. C'est pour cela que nous commençons très tôt à nous plier aux attentes des autres.

Le plus grand traumatisme de l'enfance est probablement l'abandon de l'intuition et de l'esprit critique. Je suis sûre que vous allez être nombreux de cette génération à vous reconnaitre dans ces propos. Nous sommes nombreux à grandir dans une sorte de conditionnement façonné par les deux guerres mondiales, les traumatismes à guérir, par un complexe de victime et d'assaillant, par les conventions et les attentes de la société en général. Il faut ainsi avancer et grimper l'échelle sociale, il faut accumuler du capital, et ces convictions sont considérées par le monde extérieur comme « justes » – mais ne tiennent que rarement compte de l'authenticité personnelle et de l'éthique universelle.

Dans le monde des affaires, l'objectif a toujours été clairement défini : il s'agit avant tout de générer du profit, et souvent, on oublie l'impact considérable de la vie privée sur la vie professionnelle. Et c'est ainsi que les entreprises voient la motivation de leurs employés dégringoler et le taux d'absentéisme s'envoler.

La numérisation croissante de la société tient également sa part de responsabilité. Est-ce que l'on applique suffisamment de critères humains et universellement nuancés ? Ne faudrait-il pas prendre en compte, dans ce processus, des compétences humaines indispensables ? Ou bien sommes-nous en train de trier les gens selon des critères binaires, de les cataloguer comme bons ou mauvais ?

Dans ma vie, j'aspirais de plus en plus à la liberté. La liberté d'être moi-même afin de développer mes propres compétences. N'est-ce pas là le besoin de la plupart d'entre nous ? Être libres de se développer de manière authentique, avec une certaine empathie pour soi-même et pour les autres, sans avoir à juger ou conditionner tous les domaines de la vie ? Comment se faire aider pour cela ?

D'un macro-monde à un micro-monde

C'est dimanche soir, Stephan est assis dans sa villa. Il rentre tout juste de ses vacances à Madagascar. Un séjour de luxe d'une semaine avec sa femme, au bord d'une piscine juchée au cœur d'une nature fabuleuse. Malheureusement, sa femme ne lui parlait pas beaucoup, ce qui ne le dérangeait somme toute pas plus que ça, tant qu'il pouvait travailler en paix sur son iPad pour répondre à ses mails et penser à son nouveau Bayliner. Il avait fait transférer ses appels à son bureau. Et pourtant, il avait le sentiment qu'il devait encore se pencher sur certains dossiers, même en vacances, parce que les membres de son équipe semblaient surmenés ou pas vraiment motivés. Un de ses collaborateurs était en congé maladie depuis un bon bout de temps. Stephan lui envoya un bref message par WhatsApp : « Bon rétablissement, Udo ! »

Il avait la chance d'avoir une équipe plutôt douée qui avait réussi à se répartir une bonne partie de son travail.

Plutôt aisé, il connaissait un certain succès professionnel, avait une famille formidable – ses fils venaient d'obtenir leurs titres académiques - et un avenir prometteur. Malgré tout cela, Stephan se sentait épuisé au retour de ses vacances. Il avait la sensation d'être moins chanceux dans sa vie privée et avait l'impression que sa femme s'était éloignée de lui. Il ne se reconnaissait plus lui-même.

Combien de personnes se reconnaîtraient dans Stephan ? La vie passe si vite, et la routine s'installe partout. C'est comme si on vivait dans une matrice dans laquelle on serait soumis aux règles et aux attentes du système, guidés par des protocoles, des pressions et des délais.

Oui, nous vivons dans un monde de confusion, conséquence de la mondialisation et du développement numérique. Nous avons tous accès à une technologie sophistiquée. Elle nous apporte de nombreux avantages, mais elle nous propulse également dans un monde très fragmenté. Lorsque nous faisons appel à un centre d'assistance, on nous propose une série d'options, A, B ou C, et puis encore d'autres options qui pourraient peut-être répondre à notre question. Si aucune option ne convient, il est rarement possible d'obtenir un interlocuteur. Tout système avec lequel nous travaillons est régi par des règles et des lois. Mais à quel moment prend-on vraiment en compte les lois de la vie ?

Nous avons désormais presque tous recours aux multiples plateformes sociales telles que Facebook, LinkedIn ou Instagram, ce qui nous permet de garder le contact avec notre environnement social - avec les amis et la famille. Nous réagissons aux publications par des commentaires et distribuons allègrement des tonnes de « J'aime ». C'est devenu une sorte de règle, on gratifie untel ou untel d'une pseudo-estime. Parallèlement, nous aimons tous publier des photos pour montrer au monde à quel point nous sommes géniaux, intéressants et populaires. C'est du moins ainsi que nous aimerions être perçus, sans toutefois devoir s'engager dans une conversation plus profonde et sans trop devoir écouter les autres. Peut-être avons-nous juste envie d'exprimer nos propres sentiments en toute honnêteté et en toute simplicité ?

La plupart des entreprises utilisent des solutions de gestion avancées. Il s'agit généralement de processus qui permettent d'optimiser la communication en forçant les personnes à entrer dans une matrice de protocoles pour accroître l'efficacité sans accorder d'attention aux besoins individuels. C'est davantage une quête de reconnaissance et d'appréciation, régie non seulement par l'argent, mais également par des ambitions et objectifs individuels censés motiver les troupes. En même temps, nous nous retrouvons face à des blocages émotionnels et inconscients. Ce sont des blessures psychologiques et des croyances qui remontent à l'enfance, dans le système familial, et qui ont marqué nos expériences. Malheureusement, ces croyances et schémas inconscients sont souvent considérés comme néfastes, et les prophéties autoréalisatrices se concrétisent ensuite dans plusieurs domaines de la vie. Elles s'expriment par des interférences dans la communication et les relations, et ont, par conséquent, un impact négatif sur la synergie des équipes, sur le fonctionnement optimal d'une entreprise et même sur la société.

Une étude du Dr Travis a révélé que les cadres intermédiaires présentaient plutôt de bons résultats en termes d'intelligence émotionnelle et d'empathie pour l'employé – et bien sûr pour eux-mêmes. En revanche, les résultats des tests d'intelligence émotionnelle des cadres supérieurs sont extrêmement médiocres : on suppose ici que les employés préfèrent travailler avec le cadre doté d'un QE élevé. Cependant, la situation change radicalement dès que nous examinons la situation non seulement des cadres moyens mais aussi des cadres supérieurs.

Pour les administrateurs et autres employés occupant des postes à responsabilités, les résultats du QE diminuent considérablement. Les PDG ont généralement les résultats de QE les plus faibles sur le terrain. C'est un fait : les PDG les plus performants de l'entreprise sont ceux qui ont le QE le plus élevé. Doté d'un QE faible, vous pouvez peut-être espérer une promotion, mais vous serez moins bon dans l'exécution de vos tâches !

Dans le monde des affaires, le manque de liens entre les membres d'une équipe, et le manque d'appréciation et d'intelligence émotionnelle chez les cadres ont des conséquences désagréables.

Une équipe moins motivée obtiendra de moins bons résultats. Les employés se sentent souvent délaissés, et l'intimidation - que l'on rencontre parfois même dès l'école - est malheureusement chose courante. Ceux qui l'ont vécu à l'école trainent cette expérience comme un boulet et ne se sortent plus du schéma, même dans leur vie professionnelle. Ainsi, pour analyser et optimiser la dynamique d'une équipe, il est indispensable d'avoir un cadre empathique et d'appliquer un coaching systémique afin d'assurer à l'entreprise une réussite durable.

Une étude réalisée par les américains Tiffany Jones et Dr McCoy nous donne l'explication suivante :

De nombreux cadres adoptent un comportement destructeur. Le comportement destructeur et leur toxicité pour les autres sont nuisibles pour tous : pour les employés, pour l'entreprise, mais aussi pour eux-mêmes. Il est extrêmement difficile de travailler pour des cadres narcissiques, dénués de toute éthique, psychorigides ou agressifs. En effet, ces cadres peuvent gravement nuire à leur entreprise. Leur comportement décourage les autres et nuit à la coopération. Le moral des troupes s'effondre et les performances des autres en pâtissent. Les cadres ne sont plus en mesure de prendre les bonnes décisions pour leur entreprise (Lubit, 2004). Les cadres dotés d'une faible IE ne sont pas en mesure de promouvoir une IE saine au sein de leurs équipes. Les employés présentent par conséquent eux-mêmes une faible IE. [1]

L'homme moderne a, en quelque sorte, perdu la notion de vue d'ensemble, de recul, mais aussi son sens du contexte et des relations, et il finit par trainer ses frustrations sans plus parvenir à s'en dépêtrer. Il s'adapte à une espèce de culture « fast-food » et passe à côté de l'essence même de la vie. Au bout d'environ deux ans d'expérience, nous

---

[1] https://www.uniassignment.com/essay-samples/business/the-lack-of-emotional-intelligence-in-the-workplace-business-essay.php Tiffany jones. Dr McCoy

passons « senior », les spécialistes les plus anciens dans un domaine donné, mais ne voyons rien d'autre que des fragments. Et c'est la même chose dans la vie privée. Dépression et burnouts, troubles physiques, voire même certaines maladies sont autant de conséquences possibles, qui indiquent régulièrement que la personnalité et/ou les sentiments de la personne n'ont pas eu l'attention nécessaire.

Pourquoi pas un nouveau logiciel « *Anneau de Salomon 1.0* » ?

De nombreux cadres se sentent mal à cause de leur travail stressant, ils ne s'entendent pas avec leurs collègues, les délais et la pression leur en font voir de toutes les couleurs et leur vie privée, s'ils en ont encore une, n'a plus trop de place. Et pourtant, ils doivent faire bonne figure et devraient, ou aimeraient bien, tous ressembler à Steve Jobs, alors qu'au fond d'eux-mêmes, ils trouvent tout cela ridicule. Est-ce uniquement lié au manque de compétences ? Est-ce que je suis dans la bonne entreprise ? Ou bien l'équipe est-elle vraiment dépassée ?

Revenons à Stephan :

Ses pas résonnaient mollement sur le chemin de terre de la forêt. Dans les arbres, le feuillage laissait passer quelques rayons de soleil. Seuls le chant des oiseaux et le bruit d'une voiture au loin venaient interrompre le silence. Stephan avait quitté le bureau après la réunion de l'équipe, de nouveau consacrée en grande partie au sujet récurrent des systèmes de gestion agile. Il était surtout préoccupé par les tensions au sein de l'équipe de vente et les différends sur la meilleure méthode à adopter. Un de ses collaborateurs en colère n'avait pas ouvert la bouche de toute la réunion, regardant tout le temps devant lui, dans le vide. Ces conflits pénibles avaient déjà eu des répercussions sur les clients – une grave erreur de traitement leur avait fait perdre des clients qui avaient préféré changer de producteur.

La femme de Stephan lui avait envoyé plusieurs messages pendant la réunion, lui demandant de bien vouloir récupérer une ordonnance chez le médecin. Elle souffrait depuis quelques temps de crises de panique et espérait qu'un nouveau traitement en viendrait à bout.

Lorsque Stephan arriva à la maison, il la trouva en larmes, énervée par son manque d'empathie. Elle lui dit : « Tu me traites comme si j'étais un de tes collaborateurs. » « Tu ne me parles plus du tout ! » « Mais qu'est-ce que tu attends de la vie ? » « On ne communique que par téléphone interposé ou par iPad et tu ne me vois plus ! » « J'aurais tout aussi bien pu partir seule en vacances ! » Elle partit en claquant la porte, démarra la Porsche et partit en trombe.

Stephan sentit la colère monter en lui. Il avait toujours été prévenant envers elle, il lui avait toujours acheté tout ce qu'il y avait de plus beau et de plus élégant. Comment pouvait-elle lui parler de la sorte ?

Ils s'étaient rencontrés il y a bien longtemps, au club de tennis. À l'époque, ils avaient de nombreux centres d'intérêts communs et des tonnes de projets. Toute cette euphorie avait fini par s'étioler, reléguant tout cela au second plan. Leurs activités communes se faisaient de plus en plus rares. Stephan avait racheté cette entreprise, il avait travaillé d'arrache-pied avec son équipe, qui s'avérait très efficace, et avait connu un grand succès sur le marché. Mais il n'avait plus le temps pour se retrouver à deux.

Stephan observait les arbres et aperçut quelques étourneaux chantant gaiement de branche en branche, et même une pie qui jacassait joyeusement, tout près. Tous ces oiseaux semblaient avoir chacun leur place dans la vie, et ne se demandaient pas s'ils avaient choisi la bonne voie. Ils étaient là et vivaient, tout simplement. Tout à ses observations, Stephan sentait qu'il se détendait tranquillement, oubliant un peu les conflits en cours. Il se rappela ce qu'un ami lui avait dit, un jour : « Dans la nature, on peut se perdre et se retrouver soi-même ».

Bien sûr, il fallait faire du chiffre et surveiller les données de l'entreprise, mais comment se sentir bien, malgré toutes ces charges quotidiennes, et garder un certain équilibre pour relever tous ces défis ? Les cours de gestion et les derniers gadgets de contrôle, censés tout simplifier, ne suffisent pourtant pas à entretenir des valeurs telles que l'empathie, la reconnaissance et le dialogue, notamment pour exprimer sa reconnaissance à un collège, et parallèlement créer des espaces et du temps libre, pour être humain, tout simplement. Pour aborder la résolution de problèmes avec une plus grande motivation, plus d'inspiration et plus de créativité, il faut bien gérer son univers émotionnel, trouver un équilibre stable avec son inconscient. Vous n'en serez que plus performant. De nombreuses études montrent clairement qu'en réduisant le nombre d'heures de travail, les collaborateurs sont plus motivés et plus efficaces. Le succès ne se fait pas attendre et les objectifs sont atteints plus rapidement.

C'est justement pour établir cet équilibre que nous avons besoin de cette connexion avec nous-même. Et où la trouverait-on le plus facilement ?

… Dans la nature,

… Là où l'on se sent libre, simple et accepté. On voit tout de suite la différence selon qu'un entretien se passe dans un bureau ou à l'extérieur. Pourquoi voit-on tant de séminaires pour développer la cohésion d'équipe se dérouler dans la nature, en plein air ? D'où vient cet engouement actuel des entreprises pour la nature et la durabilité ?

La durabilité n'est pas qu'une question de respect de la nature, c'est bien plus une question de respect de l'être humain et des valeurs humaines et éthiques. Il faut croire que l'on reconnait quelque part avoir besoin de certains « soft tools » au travail et dans la société, et ce, non pas uniquement parce que la loi l'exige, ou parce que c'est tendance, mais parce que l'on ressent de plus en plus qu'une société dédiée au profit, où seuls comptent la performance et l'argent, ne suffit plus.

Chaque être humain, chaque être vivant est en quête d'équilibre et d'harmonie.

Nous avons beaucoup à apprendre de la nature : chaque chose fait partie d'un grand ensemble, dans lequel chaque élément à sa fonction et sa place. Les animaux agissent guidés par leur instinct, leurs sens, en interconnexion. Ce système est naturel. Mais l'homme a oublié depuis bien longtemps qu'il en fait partie et n'y trouve plus sa place dans la vie. Les animaux connaissent leur place, ils ne se posent pas de question et vivent leur vie, et, de manière instinctive, ils sont conscients de leur fonction. Des études scientifiques ont démontré qu'ils disposent d'une sensibilité. Ils savent, ressentent et entendent bien plus que l'être humain d'aujourd'hui. Ils font ainsi partie d'une réalité supérieure, à l'instar des chevaux, qui ont toujours vécu en groupe. Et cet instinct perdure, même dans l'écurie. Le groupe a toujours été synonyme de sécurité et de survie. C'est un fait que l'on peut parfaitement appliquer dans le coaching, et plus particulièrement lorsqu'il s'agit de la gestion d'entreprise. Chaque cheval, avec ses propres qualités, a son rôle dans le groupe. Grâce à sa fonction, il occupe une place importante dans la hiérarchie. Plusieurs études ont montré que, lorsqu'un cheval faiblit, les autres chevaux viennent compenser la déficience du maillon faible et vont l'encourager. Ainsi, chaque cheval doit utiliser tout son potentiel, dans l'intérêt du groupe. Il est intéressant de noter que les autres chevaux aident l'animal affaiblit à atteindre son objectif, par un langage corporel et des vibrations.

Quant à l'être humain, il est doté, en plus, de la raison. Dans notre société dynamique, il semble qu'elle ait pris les rênes, avec le soutien,

notamment, de systèmes sophistiqués permettant de réaliser des bénéfices généralement unilatéraux. Les sentiments et l'intelligence émotionnelle dépassant le simple échange verbal sont devenus secondaires,
voire même obsolètes. Dans cette société moderne, l'être humain a
malheureusement perdu la capacité d'établir un contact par simple
intuition, par instinct, et d'en tirer des avantages.

Il est donc de plus en plus difficile de développer et utiliser notre
potentiel authentique pour mieux se retrouver soi-même et avoir un
meilleur contact avec les autres. Cela nous permettrait pourtant de
mieux réagir et de mieux ressentir le fait que l'on dépend tous les uns
des autres. La perte, l'échec d'un groupe ou d'une relation a automatiquement des conséquences pour soi-même. Le meilleur moyen de
changer cela serait de renouer le lien entre l'intuition, l'intelligence
émotionnelle et la raison.

Chaque culture a sa propre scène

J'ai travaillé pendant de nombreuses années pour des entreprises dans le domaine de la communication interculturelle, en Europe et en Asie. J'ai vraiment apprécié cette diversité et j'ai aimé en faire partie. Mon bagage multiculturel m'a permis de comprendre les différentes règles sociales et langues. J'étais à l'aise dans plusieurs cultures. Alors que je travaillais en France, j'avais l'impression de faire partie intégrante de la culture française, où l'on discute souvent pendant des heures sur des visions, ou bien où l'on négocie sur le processus d'élaboration. En revanche, en Allemagne, j'ai dû m'adapter à un système plus formel reposant sur les bonnes manières, où il est de bon ton d'aller droit au but.

Parallèlement, je tenais à rester sur mes idéaux et à rechercher des valeurs universelles dans la communication, telles que le respect et l'équité, afin de trouver une sorte d'unité dans la diversité. J'ai remarqué qu'en prenant du recul, j'ai pu relativiser certaines situations délicates dues à la rigidité nationale ou à des codes sociaux systémiques.

Un constat s'imposait peu à peu à moi : les mots d'une conversation ne sont qu'une partie de la communication, ils sont la « transmission d'énergie » entre humains. Le message non-verbal, le ton, les convictions qu'il cache et l'intention parfois tacite jouent également un rôle considérable. N'avez-vous jamais eu l'impression que tout avait été dit dans un dialogue, mais que vous n'étiez néanmoins pas vraiment parvenus à en venir au fait, partant avec un sentiment d'insatisfaction ?

J'ai fini par m'orienter de plus en plus automatiquement vers la médiation, c'est-à-dire vers la résolution de conflits et la formation préventive pour éviter les conflits entre les parties et les équipes. Plutôt que de dépenser de l'argent pour des procédures juridiques onéreuses, qui ne résultent souvent que dans la frustration et ne font qu'empirer la relation avec l'autre partie, il s'agit de mettre en place un processus de communication où l'on s'intéresse aux motivations de l'autre en étant à son écoute.

Le fait d'être écouté et entendu permet d'élaborer une solution. Malheureusement, on voit souvent ressurgir les mêmes conflits, et lorsque c'est le cas, la cause est souvent bien plus profonde. Certains conflits proviennent en effet de l'éducation, du système dans lequel on a grandi. Tout cela est inconscient mais finira par avoir des conséquences sur la capacité à résoudre des conflits. Pour commencer, il s'agira de remédier à la projection des peurs, de la colère, des sentiments de culpabilité et aux conflits en résultant avec soi-même.

Les techniques de médiation et les méthodes de coaching sont basées avant tout sur l'élaboration de solutions grâce au raisonnement. Il s'agit de théories et de stratégies éprouvées, où on laisse malheureusement souvent de côté l'inconscient et les aspects affectifs, et plus particulièrement dans des domaines où les malentendus et les émotions inconscientes sont ancrés dans l'héritage familial. Mais ce sont justement ces émotions qui constituent les véritables blocages dans la résolution de conflits.

J'ai moi-même été le produit d'une éducation prodiguée par des parents qui accordaient une grande importance au développement intellectuel et aux diplômes, délaissant le côté intuitif. Des événements de ma vie privée m'ont cependant permis de changer ma vision du monde, m'offrant de nouvelles possibilités.

Un nouvel élément universel vient enrichir mon expérience professionnelle

Tout travail stimulant requiert la définition de limites saines pour préserver son équilibre et trouver assez de temps pour se consacrer à des activités et des personnes que l'on apprécie. J'adore les chevaux depuis ma plus tendre enfance, et j'ai commencé très jeune à monter. Ces animaux m'inspirent respect et admiration, et pourtant, ils m'ont donné un sentiment de liberté et une énergie très positive, même lorsque je n'allais pas très bien.

Pour mon quarantième anniversaire, j'ai enfin pu m'offrir un cheval – Quieto, un Andalou que je voyais comme un philosophe, la tranquillité même, avec des yeux d'une grande douceur. Nous galopions gaiment, filant à la vitesse d'une voiture de sport, le long de l'eau.

Un peu plus tard, j'ai adopté un autre Andalou nommé Juan. Il est devenu comme un petit frère pour Quieto. Ils sont vite devenus inséparables et se côtoyaient paisiblement dans leur abri. Dès que j'en avais le temps, je les sortais dans la prairie du ranch, un grand espace ouvert en bordure de la garrigue sauvage, où ils pouvaient brouter avec les chevaux du propriétaire du ranch.

Un jour, alors qu'ils étaient dans la prairie verdoyante, une autre propriétaire de chevaux est venue à ma rencontre. Un peu énervée, elle m'expliqua qu'elle comptait laisser son cheval ici, mais qu'elle craignait de le laisser aller vers les autres. Je lui assurais qu'ils allaient bien s'entendre, et que j'allais rester là pour garder un œil sur eux. Elle s'est encore plus énervée et a commencé à m'agresser. Au même instant, Quieto s'est approché de nous pour s'interposer entre la jeune femme et moi. Il me considérait comme une jeune pouliche qu'il se devait de protéger. C'est dans la nature du cheval. Il avait visiblement senti que je me trouvais alors dans une position d'infériorité et a voulu rétablir l'équilibre en s'interposant entre nous.

C'est seulement une fois détendue que j'ai pu dire à la jeune femme, par-dessus le dos de Quieto : « Désolée, mais je vais d'abord t'aider, là, et on pourra toujours discuter plus tard. » Quieto s'est alors écarté et s'est posté derrière nous. Il a penché sa tête pour toucher délicatement ma main et celle de la jeune femme, comme pour nous rapprocher. La situation avait quelque chose de surréaliste, et la tension a fini par retomber.

Après cet incident, j'étais encore plus convaincue que les chevaux ressentent immédiatement notre énergie et les rapports et tentent, par leurs gestes, de rétablir l'équilibre, chacun d'entre eux étant parfaitement conscient de sa force.

C'est lors d'un salon sur le thème Coaching de vie et de management à l'aide des chevaux que j'ai été définitivement convaincue que cela pouvait être le maillon manquant dans la pratique de la médiation et du coaching. En effet, lors de nombreuses séances de médiation et de coaching, j'ai eu l'occasion d'aller aux limites de la raison et je me suis mise à lire de plus en plus d'ouvrages de psychologie et sur l'influence positive de la nature. Comment pourrions-nous stimuler l'intelligence émotionnelle, utiliser plus intensément nos sens et définir une valeur universelle pour les séances dans les différentes cultures ? C'était apparemment faisable, en rencontrant des personnes portant dans leurs bagages une grande diversité de sujets de vie et de contextes systémiques.

On aurait dit que les pièces du puzzle finissaient par s'assembler. J'allais pouvoir mêler ma curiosité interculturelle à la psychologie humaine, la raison à l'intuition, les sentiments à l'empathie, la nature et le cheval à l'humanité.

En effet, peu après cela, je suis tombée sur des articles relatant de l'étude du comportement des animaux. Norbert Sachser, grand spécialiste du comportement animal, explique dans son livre « Der Mensch im Tier » (« L'homme dans l'animal ») que les mammifères savent apprendre et communiquer à un haut niveau et que les animaux sont dotés d'une personnalité. La révolution de l'image de l'animal est en marche.

Il dit également : « En ce qui concerne l'étude scientifique des émotions, la biologie comportementale n'en est qu'à ses balbutiements. » [...] « En outre, des modèles laissent présager des faits qui devront être vérifiés et étudiés plus en détail dans le cadre d'études empiriques[...] ».

En deux ans, différentes situations entre le cheval et l'homme m'ont appris à comprendre le langage des chevaux et à l'interpréter à la demande des humains, tout comme le reste de la nature qui interagit en même temps. C'est une aide extraordinaire pour les séances de coaching avec l'être humain. Un cheval réagit uniquement de manière systémique. Il permet de révéler une vue d'ensemble et le contexte systémique de la personne, les deux outils avec lesquels nous allons pouvoir travailler. Le cheval va directement au cœur de l'humain, dans le vif du sujet. Toujours dans le présent, et sans jugement.

Dans un troupeau de chevaux, où chaque animal a sa place, il est important que chaque cheval prenne la place qui lui est réservée. Chaque animal va faire en sorte d'utiliser son potentiel, et dans le cas contraire, les autres viendront compenser sa faiblesse. Il en est de même avec les hommes. Dès qu'une personne s'interpose dans un groupe de chevaux, ces derniers ressentiront sa personnalité, son énergie communicative et les relations de cette dernière. Ils sont en mesure de se représenter sa famille ou son travail dans une sorte de « tableau vivant », ou de jeu de rôles, pour lui permettre de se libérer de ses blocages en fonction de son système familial.

Chaque mouvement mental ou émotionnel intérieur de la personne va modifier les réactions du cheval, qui la guidera vers la prochaine étape de son développement. La thérapie systémique ou l'équicoaching nous permet donc de traiter des questions et domaines les plus variés de la vie.

Un cheval ne vit que dans l'instant présent. Il nous montre donc ce qui est le plus important à un moment donné. Un autre cheval, un autre participant ou une attache symbolique pourra représenter des personnes ou des sujets définis dans l'histoire de la vie d'une personne. Ce qui est encore plus captivant, c'est que la personne, même en tant que représentant, pourra ressentir l'énergie de la personne représentée ou d'un élément et fournir des informations complémentaires. Un monde fascinant s'ouvre à nous, où chacun est en mesure de reconnaitre et de sentir son système et son histoire.

Au cours de ce processus, on travaille également avec le langage et les signaux des chevaux : un langage fait de mouvements et d'agissements, qui ont, selon des études réalisées dans la nature sauvage, un sens et des nuances, en fonction du contexte ou de l'intuition personnelle de la personne.[2] Je vais vous proposer quelques exemples qui peuvent jouer un rôle pour l'équicoaching réflectif (où le cheval reflète le comportement non verbal et le caractère de la personne) et de coa-

---

[2] Coachen met paarden, Het systemisch perspectief, Ruud Knaapen. Dec 2012

ching systémique (où le cheval reflète l'environnement systémique de la personne) :

Le cheval s'écarte et regarde au loin : la personne, ou le cheval, aimerait se sortir de la situation.

Le cheval est à l'arrêt ou bloqué : émotions paralysées de l'autre cheval ou de la personne.

Le cheval tourne en rond, il est agité : turbulences dans la vie de la personne ou dans son entourage.

Le cheval courbe légèrement son cou : vulnérabilité du cheval ou de la personne.

Le cheval mordille les habits ou des parties du corps : soigner, s'occuper de l'autre.

Le cheval se tient sur une patte alors que l'autre est légèrement posée au sol : détente.

Les animaux connaissent le chemin vers notre « cœur » et savent lire nos intuitions. Ils peuvent guider les humains vers plus de conscience, vers un développement personnel et vers le bonheur.

Un chemin houleux vers l'introspection ou l'histoire d'un amour traumatique

Pendant ma formation systémique, j'ai dû m'entraîner sur d'autres personnes et me confronter à mes propres problèmes. Face à nos propres vibrations et préoccupations, on peut reconnaitre sa personnalité dans son intégralité, des côtés positifs aux côtés négatifs, pour découvrir une vue plus large et une plus grande capacité à aider les autres.

Ainsi, au cours d'une séance, je me suis demandé comment je pourrais améliorer ma relation avec ma fille, alors adolescente. Elle prenait souvent ses distances par rapport à moi et ne me parlait que rarement de ses sentiments et de sa vie. Le fait que les chevaux détectent immédiatement le sujet que cache la question est un phénomène particulièrement intéressant, notamment dans mon cas.

Je voyais que les chevaux se tenaient loin de moi. Le petit, qui m'a tout de suite rappelé ma fille, se tenait de l'autre côté et regardait parfois vers moi, l'air absent. Il était distrait par d'autres personnes qui se tenaient en dehors de la prairie, à l'instar de ma fille, occupée, à ce moment-là, avec ses copines. Alors que ce cheval recherchait toujours la proximité des humains, il venait d'endosser le rôle de l'enfant distrait.

Le coach a demandé à quelqu'un de représenter ma fille. Instinctivement, il s'est placé loin de moi.

Nous avons commencé à discuter, tout comme je le fais souvent, depuis, avec elle, pour lui expliquer pourquoi je n'ai pas toujours été là pour elle. Elle m'en voulait et je ne pouvais pas me défendre. Je trouvais que c'était trop compliqué de lui expliquer les raisons de mes absences régulières.

Il y avait de l'agitation dans l'air. Des nuages passaient au-dessus de nous, une nuée d'oiseaux tournait au-dessus de nos têtes. En regardant derrière moi, j'ai vu Poppy, un autre cheval, allongé sur le sol. Il semblait chercher dans la terre quelque chose rappelant quelqu'un qui serait déjà dans l'au-delà.

J'ai tout de suite compris de qui il s'agissait : une personne qui a semé le doute en moi et qui m'avait confronté à mes zones d'ombre.

Le coach choisit un autre représentant pour cette personne décédée. Lorsque le représentant est arrivé au milieu, il dit : « Pourquoi ne me laisses-tu pas en paix ? Pourquoi t'accroches-tu à ce passé qui est lié à moi... »

Cela avait forcément à voir avec mon amour-propre.

Je devais tourner cette page, revoir mes convictions et mes doutes, prendre mes responsabilités, trouver mon véritable Moi et me concentrer sur ma propre vie, sans la tristesse d'une relation passée. Ça m'a profondément touchée. Cette relation m'avait-elle tant influencée, moi et mes décisions ? En prenant les mains du représentant, j'ai réalisé que c'était certainement le cas. Entre temps, les chevaux s'étaient rapprochés de moi.

Mon travail me permettait de voyager dans le monde entier, et c'est ainsi que j'ai rencontré cet homme dont je suis tombée éperdument amoureuse. Je n'ai pas vu de suite le piège psychologique que serait cette relation, mais elle m'aura également permis de me développer.

Cette personne était capable d'affirmer une chose avec conviction et d'agir complètement différemment. Aujourd'hui, on dirait sans doute qu'elle était « border line ». À l'époque, j'avais encore un regard naïf sur les cas thérapeutiques, je ne pouvais pas croire que quelque chose clochait. Cela m'a également empêché de surveiller mes propres limites. Je suis même allée jusqu'à quitter mon formidable travail en Bourgogne, pour m'installer dans un cottage en Écosse et y ouvrir ma propre boutique.

Tout cela a malheureusement fini par me briser le cœur, à espérer que cette personne finirait par s'améliorer. Son suicide me prouva que cet espoir était vain. À part ma famille, mon entourage ne m'a offert que peu d'aide et de compréhension. J'ai senti que c'était à moi d'être forte. Je me suis demandé pendant des mois ce qui n'avait pas marché, pourquoi cette personne avait-elle eu un geste aussi extrême et quel avait été mon rôle dans ce geste ?

La douleur était insupportable et j'ai tenté de me concentrer sur un Moi supérieur, qui n'avait aucune limite et me donnait l'impression d'avoir d'infinies possibilités à ma portée. La raison m'a aidée jusqu'à un certain point. J'ai analysé des réactions typiques dans ce genre de cas de figure psychologiques, j'ai lu des articles spécialisés. Mais c'est en me fiant de plus en plus à mon intuition et à la possibilité de nouvelles ouvertures que j'ai fini par trouver une véritable consolation. Je sentais que je devais me concentrer sur des valeurs universelles, sur un amour inconditionnel de moi-même qui saurait donner, petit à petit, une place aux événements et à la personne qui m'avait « infligé cela ».

Être parmi les chevaux m'a permis de rétablir un équilibre et de retrouver mon estime personnelle. Il en était de même avec mes nouvelles activités, avec des projets au Moyen-Orient, de nouvelles langues, de nouvelles cultures, et surtout, le travail sur la lumière spirituelle, ou bien comment reconnaitre et étudier la force de nos pensées et de notre intuition.

Mes blessures finiraient par guérir si j'essayais de voir les choses dans leur globalité. Elles se rouvriraient parfois, dans les moments où je me sentirais incomprise dans ma vulnérabilité, avec des répercussions sur mon système digestif. Comment avais-je digéré la vie ? C'est dans les moments difficiles que j'ai commencé à m'occuper de mon cheval Quieto pour me recharger à bloc. J'ai vu des parallèles entre le macro-monde et le micro-monde : Tant que vous n'êtes pas équilibré et que vous n'acceptez pas entièrement vos zones de lumière et vos zones d'ombre – souvent influencées par la famille et le système, et que vous ne pouvez transmettre cet amour, vous ne trouverez pas d'équilibre dans votre entourage ou dans la société.

C'est une loi universelle que l'on peut appliquer à toutes les cultures mais aussi – je le découvrirai plus tard à ma grande surprise : au monde des chevaux !

La méthode

De nombreuses entreprises s'assurent la collaboration d'un avocat ou d'un responsable qualité. Ils distribuent des questionnaires à remplir, ont des entretiens avec les collaborateurs et donnent leur feedback. Les évaluations du personnel ne sont malheureusement pas vraiment efficaces, car les collaborateurs adoptent un certain comportement et ne se sentent pas assez libres de parler de ce qui est vraiment essentiel à leurs yeux. Ils se retrouvent en effet dans une position délicate : le supérieur pourrait se faire une image négative d'eux et ils risqueraient de perdre leur emploi. Ajoutez à cela le fait que ce genre d'entretien ne produit pas vraiment de synergie, puisque les employés agissent alors en mode de survie.

Ces méthodes font appel aux jeux de rôles et à d'éventuelles confrontations. Elles passent cependant par la raison et sont principalement verbales, alors que, dans une équipe, il faudrait parler de la dynamique inconsciente, du modèle de comportement, des frustrations et blocages inconscients qui passent par les émotions.

Dans ce genre de situation, l'équicoaching s'avère très intéressant. De par sa nature systémique et sensible, le cheval ira tout de suite au cœur du problème, notamment lorsqu'il s'agit de la survie du groupe. Il révèle immédiatement les tensions, le potentiel ou les contacts, alors que les cadres auraient besoin de semaines entières d'évaluations et d'entretiens pour arriver au même résultat.

Autre aspect positif, on ne peut pas faire semblant avec les animaux, ni les impressionner par un statut social, une apparence ou des masques que l'on enfile pour survivre, se sentir en sécurité et se faire passer pour une personne forte. Le cheval est pragmatique, mais il ne juge pas. Il montrera à l'équipe ou à ses membres les points qui devront être corrigés et les problèmes qu'ils devront affronter.

Les masques de survie

Dès l'enfance, l'être humain commence à assimiler des signaux de son entourage et de ses parents, s'adaptant sans cesse. Chaque âme a sa propre voie. Que l'on y croit ou non. Chaque âme, avec son lot d'attentes et de résultats personnels, recherche sa place et son épanouissement dans la vie. Les premiers pas dans la vie ont peut-être été difficiles parce que les parents se trouvaient alors dans une situation difficile, ou bien ils ont été plutôt faciles parce que tout avait été parfaitement organisé pour l'arrivée de l'enfant et qu'on lui a accordé suffisamment d'espace pour lui permettre de s'épanouir.

Quel que soit l'environnement, la famille ou le cheminement de l'âme, l'enfant va capter des signaux, il va devoir digérer des événements tout en survivant. Il veut être aimé et accepté, et pour cela, il a besoin de confiance et de sécurité.

Lorsqu'un enfant souhaite se protéger de certains événements qui lui paraissent désagréables, il enfilera éventuellement un masque. Il en choisira souvent un qui le protégera le restant de sa vie et qu'il n'enlèvera que rarement, jusqu'à ce qu'il réalise que ce masque le bloque et l'empêche d'avoir un contact ouvert et honnête et de connaitre une véritable relation intime.

Ces masques sont un sujet fascinant. Nous en portons tous, certains plus que d'autres. Vous reconnaitrez sans doute certains masques, chacun d'entre eux cache un trait de caractère.

Caractère schizoïde ou bien « l'échelle vers les cieux ». La nourriture spirituelle est issue d'un autre monde. Cette personne a besoin de laisser voyager son âme et est en mesure de se perdre complètement dans un autre monde. Cela fait du bien d'observer le monde avec un certain recul et ce constat est bénéfique dans son quotidien.

Lorsqu'une personne se retrouve avec une jambe plâtrée pendant une longue durée ou bien lorsqu'elle se retrouve seule, ce trait de caractère peut s'avérer être un moyen de survie. Lorsque l'on est dans l'incapacité de se déplacer, au sens propre ou au sens figuré, l'âme permet à l'homme de faire quand même ce qu'il veut.

À la naissance, le besoin le plus urgent est la sensation de pouvoir être celui que nous sommes. S'il n'y a pas cette chaleur, on se retrouve seul avec soi-même. La seule possibilité est de s'échapper de cette solitude, en prenant pour ainsi dire une « échelle pour s'enfuir vers un au-delà ». Le contact avec autrui peut alors s'avérer compliqué, et d'un point de vue systémique, la seule solution serait de rétablir le contact avec le père ou la mère absent(e) et de se sentir bienvenu dans son enveloppe terrestre, son corps, pour pouvoir s'ouvrir aux autres.

Stephan était un gestionnaire hors pair dans l'équipe. Il avait toujours une analyse limpide dans les discussions avec les collègues. Mais d'une certaine manière, on pouvait voir et sentir qu'il n'arrivait pas à trouver de véritable lien avec les autres. Auprès des chevaux, il s'est identifié notamment à un certain cheval qui gardait ses distances. Il était là, debout, immobile, au sommet d'une petite colline. Un cheval qui portait le masque schizoïde caractéristique et qui paraissait déconnecté, ni vraiment présent, ni connecté aux autres chevaux.

Lui aussi gardait toujours une certaine distance par rapport au groupe. Le coach lui demanda ce que cela lui rappelait de son passé. Il lui raconta alors qu'il avait toujours été le médiateur, celui qui résolvait les conflits et l'interlocuteur intellectuel de ses parents. Il n'y avait pas de proximité dans sa famille. Sa mère ne l'avait que rarement embrassé ou câliné.

« Mon corps n'est pas mon domicile, c'est plutôt ma résidence secondaire » a-t-il affirmé. « Même au travail ou en situation de stress, j'oublie de respirer profondément. »

« Il n'y a guère qu'au sport, en plein air, où je pense à respirer régulièrement. » Ce constat lui permit de comprendre l'importance d'avoir une relation avec ses collègues.

En instaurant une certaine proximité, du moins en établissant un contact avec sa mère dans le champ systémique, il a vu s'ouvrir de nouvelles voies.

Quelle description de masque remporte le plus de « oui » ? Ce petit test pourra indiquer le masque ou la combinaison de masques qui vous correspond le plus.

Répondez à ces affirmations par « oui » ou par « non ».
- *« J'ai du mal avec le contact visuel. »*
- *« J'aime bien m'isoler et m'évader dans mes pensées, même pendant une conversation. »*
- *« J'ai tendance à me retirer des contacts humains. »*
- *« J'ai souvent les mains ou les pieds froids, ou les articulations raides. »*
- *« Je me sens souvent incompris. »*

Le masque oral : celui qui veut toujours plus

Lorsque, jeune, nous avons l'impression de donner plus que l'on ne reçoit, on perd la sensation d'épanouissement et de satisfaction. La personne fait comme si elle continuait de donner, mais le cœur n'y est plus. Elle se rebelle et la source est souvent tarie. Ce sont les sentiments d'une personne ayant une structure de caractère orale. Sa famille semblerait ne pas lui avoir donné assez. L'enfant, et l'adulte qu'il deviendra, restera convaincu qu'il n'y en aura jamais assez pour lui.

Lors d'un exercice systémique, le participant a eu l'occasion de demander à son chef ce dont il avait besoin à ce moment-là : le participant a pris peur et s'est senti bloqué, incapable de demander quoi que ce soit et ne souhaitait pas trop réfléchir à ce qui lui manquait. « On aurait dit que j'étais paralysé ou congelé, et la demande n'émanait que d'une petite partie de moi-même. » Il manquait de conviction et n'obtint bien sûr pas ce dont il avait vraiment besoin. Cela créa une situation de pénurie et, pour ce caractère, un cheval ne ferait que grignoter les plus petits brins d'herbe. Il semble que le sujet principal pour les chevaux était alors la nourriture et le fait qu'ils ne seraient pas rassasiés.

Cela a coûté beaucoup d'énergie à cette personne pour rester en forme et ressentir une certaine vitalité. Cette sensation de pénurie s'exprime également pour les relations, le travail et la nourriture. On ne se sent jamais satisfait et jamais épanoui. Ce n'est qu'en se repliant sur soi pour vraiment prendre en compte les besoins réels que l'on peut augmenter sa force de vie au travail et à la maison.

Il est important de se pencher sur ses propres besoins, car c'est le devoir de l'adulte d'apprendre à les délimiter et les contrôler.

« Chaque chose en son temps » - cette devise pourrait être une aide précieuse. Lorsque l'on permet cette avancée, une perle de ce caractère fait surface : la compréhension de ce dont l'autre a besoin.

Répondez à ces affirmations par « oui » ou par « non » :
- « *J'ai régulièrement l'impression de ne pas être le bienvenu.* »
- « *Je me demande souvent s'il y en aura assez pour moi* »
- « *Je parle beaucoup et volontiers de ma personne* »
- « *J'envoie souvent des regards suppliants ou interrogateurs* »
- « *Personne ne s'occupe de moi !* »

Le masque symbiotique

Il s'agit ici de la peur de se retrouver seul en tant qu'individu. C'est le sentiment d'une unité brisée, qui nous permettrait de devenir un individu à part entière, indépendant.

Une personne qui n'a pas eu, enfant, suffisamment d'occasions de s'assumer psychologiquement et de prendre soi-même des décisions, aura du mal à être autonome. Cette personne recherche l'harmonie uniquement pour ne pas se retrouver seule, et ce aux dépends de sa propre individualité, de ses propres besoins et de ses propres idées. Il s'agira alors d'apprendre à se délimiter et à se retrouver seul, pour enfin découvrir sa singularité.

Cette personne sensible sait très bien se mettre dans la peau d'une autre personne et s'y perdre complètement. D'autre part, elle sait tellement bien se mettre à la place des autres qu'elle a le sentiment de faire du mal à l'autre dès que l'on tente de se délimiter.

La collègue se trouvait dans le pré avec les chevaux. Lorsqu'elle a choisi sa place, les chevaux ont commencé à s'agiter autour d'elle, à lui barrer le chemin, à prendre possession de son espace, de telle sorte qu'elle devait reculer.

Le coach lui demanda : « Est-ce que vous reconnaissez cette situation dans votre vie ? »

« Oui » dit-elle d'une voix hésitante, « quand mes collègues entrent dans mon espace. »

« Je fais plein de choses pour eux, mais je ne sais pas vraiment s'ils s'en rendent compte. »

Le coach lui a alors demandé de fermer les yeux et de se concentrer sur sa place et son espace, pour visualiser ses limites. Elle a enfin pu se calmer. Les chevaux ont fini par s'écarter un peu d'elle.

Dès qu'une personne a pris la place qui lui revient dans la vie ou dans l'entreprise, elle osera se confronter aux autres et arrêtera d'éviter les conflits. Parallèlement, elle peut enfin voir ce qui émeut l'autre, sans se laisser dévorer par ces émotions.

Répondez à ces affirmations par « oui » ou par « non » :
- *« Je me sens souvent responsable des autres et de leurs sentiments. »*
- *« Dans une relation, je me perds dans l'autre. »*
- *« J'ai du mal à prendre des décisions seul. »*
- *« Lorsque je suis seul au restaurant, je me sens mal à l'aise et je cède souvent dans les discussions. »*
- *« J'exécute souvent des tâches que je n'ai pas envie de faire. »*

Le caractère rigide

Toujours tirée à quatre épingles, cette personne a du charme et de bonnes manières. Vous connaissez certainement quelqu'un comme ça. Il semblerait qu'il soit toujours difficile d'établir un véritable contact avec cette personne, car on s'en tient souvent à des formalités ou à des phrases toutes faites charmantes. La personne reste souvent en arrière-plan, fière et distante, de peur d'être rejetée.

Les chevaux démasquent immédiatement ces personnalités. Ils ressentiront les émotions qu'elles cachent et y réagiront.

La cadre était une belle femme active. Elle parlait beaucoup, mais dans la carrière, avec le cheval, elle s'est immédiatement tue en voyant que le cheval s'éloignait d'elle. Son comportement charmant n'intéressait pas le cheval. Il semblait plutôt affairé à refléter sa solitude : la petite fille en elle était toujours à la recherche de soutien et de sécurité.

C'est dans l'enfance que l'on prend conscience de sa féminité ou de sa masculinité et on prend alors plaisir à la montrer. Un exercice dans un petit monde. Mais si l'on n'a eu pas l'occasion de vivre cela et d'en profiter, on bloque ce développement émotionnel.

Ce garçon a grandi entouré en grande partie de femmes. Son père n'était que rarement présent et il n'a donc pas vraiment pu établir de lien avec son côté masculin. Il se sentait mal à l'aise avec les hommes, il lui manquait une figure masculine exemplaire. Il est resté jusqu'à l'âge adulte dans une sorte d'entre-deux-mondes. Il en est de même pour les filles.

Ces êtres humains ne sont pas encore en mesure d'établir une véritable relation avec leur féminité ou leur masculinité. Ils ne savent pas montrer leur vulnérabilité et s'offrir aux autres, de peur de ne pas être entièrement acceptés.

Répondez à ces affirmations par « oui » ou par « non ».
- « *J'ai du mal à montrer mon côté sensible.* »
- « *Je n'aime pas perdre le contrôle.* »
- « *J'ai besoin d'une certaine distance émotionnelle de mon partenaire.* »
- « *J'aime bien la perfection dans mon travail.* »
- Un bassin rejeté en arrière, la poitrine plutôt gonflée.

Le masque psychopathe

La méfiance comme protection, se battre pour survivre, ne compter que sur soi-même, seule compte la performance, ce qui conduit à la perte de relations.

On voit là l'enfant qui se sentait abandonné et qui veut tout résoudre tout seul dans sa vie. Enfant, sa confiance a été trompée, il préfère tout faire sans l'aide « des autres ».

Il a subi une grande déception dans son enfance. Ses parents l'ont peut-être laissé se débrouiller avec un grave problème. La situation familiale était peut-être compliquée et l'enfant a dû apprendre très tôt à se débrouiller tout seul. Il a acquis un comportement autonome mais il en garde aussi des blessures. Il prend souvent ses distances par rapport aux autres et est très dur dans ses critiques. Il a du mal à établir une relation émotionnelle profonde. Il développe alors une mentalité où il est convaincu de la puissance du plus fort. Par manque de confiance, c'est lui qui définit les conditions, laissant peu de liberté aux autres.

Lors de la séance de coaching, il devait trouver, par son propre équilibre, la puissance de la vulnérabilité et comment il pouvait s'en servir pour établir une relation plus profonde avec lui-même et avec les autres.

L'homme se montre plus grand et plus fort qu'il ne l'est : « Laisse-moi faire », « On ne peut pas faire confiance aux autres », « On n'est jamais mieux servi que par soi-même » - c'est ce qu'il répète en boucle.

Le cheval se tenait à côté de cet homme très sûr de lui et se faisait plus grand que lui. Il tendait le cou pour poser sa tête sur celle de l'homme, comme pour le rendre plus petit.

Répondez à ces affirmations par « oui » ou par « non ».
- *« Je veux gagner. »*
- *« Je dépasse souvent mes propres limites. »*
- *« Je ne fais pas confiance aux autres. »*
- Se tient souvent les jambes écartées.
- *« Quand on brise une amitié, c'est pour toujours. »*

Le masque masochiste

L'homme qui porte ce masque a toujours l'impression d'être sous tension et de devoir en faire encore plus. Sous son masque, il se soucie particulièrement du sort des autres, mais il n'a pas le temps de se soucier de ce qu'il veut lui-même. Cette personne doit choisir entre « s'exprimer »/faire de la place à « l'expression et à l'espace » ou la « dépression ».

Enfant, il a souvent connu la contrainte et n'a pas vraiment eu l'occasion d'exprimer ses sentiments. Son indépendance s'exprime dans la capacité à supporter ses propres émotions. Il y mêlait pourtant aussi des désirs de vengeance, une agressivité passive et une colère intérieure.

Le coaching devait lui apprendre à exprimer sa volonté et à accepter ses limites pour pouvoir aider les autres.

Pendant la séance, cet homme s'est retrouvé devant ses parents. Il avait envie de partir ou de fuir, pour pouvoir vivre sa propre vie. Son père semblait lui dire « Va, tu peux partir ». Mais les yeux de sa mère lui disaient clairement : « Reste, je t'en prie, c'est si difficile pour moi. » Le cheval qui se tenait près d'elle la représentait clairement. Il avait une posture lourde et instable sur ses pattes.

L'homme a pris sa décision : il a rendu, au sens figuré, le poids à sa mère et s'est détourné pour vivre sa propre vie. « Méchant et triste », c'est ce qu'il était enfant, car fuir était sa seule option, mais il fuyait avec un sentiment de culpabilité, puisqu'il la trahissait, pour se faire assez d'espace pour lui-même.

Pour ce type de caractère, la seule solution consiste à limiter la souffrance et le sentiment de culpabilité pour accepter la vie, la joie et la légèreté. Cette séance était uniquement consacrée au fils, à son développement et à son besoin de se libérer de ce comportement masochiste pour vivre pleinement, en toute liberté. À l'issue de la séance, les deux parents ont eu une réaction positive face au comportement autonome de leur fils. Ils avaient compris et ressenti physiquement que c'était leur poids que leur fils portait : les attentes du père au caractère plutôt rigide, qui applique à la lettre ses principes, et l'angoisse de la mère, avec une structure typiquement orale, d'être abandonnée ou d'être délaissée sans amour. Ces sentiments non-dits bloquaient le jeune homme et les parents ont pu s'en rendre compte, car ils ont ressenti tout cela au niveau des émotions. On ne peut vraiment aimer l'autre que lorsqu'on lui donne sa liberté et qu'on assume ses propres émotions, et que chacun trouve son équilibre entre donner et recevoir.

L'ambiance, l'énergie et les relations entre les différents membres de la famille avaient considérablement changé. Après avoir libéré les mots, le jeune homme pouvait enfin respirer. Ils ont changé la dynamique.

Nous conseillons cependant à nos clients de ne pas trop parler à l'issue d'une séance, ou de repasser les détails en revue. C'est la meilleure façon d'intégrer les émotions et les points de vue pour tous les participants.

Répondez à ces affirmations par « oui » ou par « non ».
- *« J'ai du mal à dire non. »*
- *« J'aime beaucoup aider les autres mais je me sens souvent exploité. »*
- *Problèmes de digestion.*
- *Tendances à la dépression.*
- *« J'aime bien écouter les autres, j'ai beaucoup de patience. »*

Les voies vers l'harmonie

« Je vais te quitter ! Je me sens vraiment seule, dans notre relation ! » Sa femme, Sabine, hurlait comme une furie. Au retour de sa promenade, Stephan est allé voir sa femme pour essayer de se rapprocher d'elle, en l'embrassant. Mais elle l'a repoussé et a eu une réaction plutôt distante. « Mais qu'est-ce que tu as ? » lui demanda-t-il. Elle ne répondit que par des reproches.

« Je ne sais pas si j'ai encore envie de continuer », dit-elle.

« Alors allons voir un conseiller conjugal », proposa Stephan. « Il y a peut-être encore des solutions, on ne va pas laisser tomber comme ça. »

Un jour, il se retrouvèrent tous les deux dans une carrière. Juste pour voir, le conseiller leur avait dit : « On a déjà eu de longs entretiens, de longues discussions. Vous ne pensez pas qu'il serait temps de laisser la place à l'inconscient, à l'ordre systémique et sortir du cadre des mots ? » Stephan et sa femme étaient fatigués de tous les dialogues et de tous les reproches. En effet, c'est facile de débiter des mots, des reproches, des théories. Mais qu'en était-il, au fond, de leur amour, de leurs sentiments et des motifs inconscients qu'ils portaient tous deux en eux ? Ils étaient un peu dubitatifs : un coaching systémique avec des chevaux ? C'est sérieux ? Mais bon, pourquoi ne pas essayer un truc nouveau ?

Une fois que la femme avait pris sa place, les chevaux se tenaient à l'écart du couple. Sabine était la principale interrogatrice, elle avait dû faire des exercices respiratoires pour se détendre et pour arrêter de cogiter. Elle choisit ensuite un emplacement au hasard dans le manège, en suivant son instinct corporel.

La jument est restée sous l'abri, les autres chevaux sont restés dehors, se répartissant autour de l'abri. Le coach lui demanda si cette scène lui rappelait quelque chose. Sabine avait immédiatement compris que la jument la représentait elle-même, fidèle, mais un peu peureuse sous l'abri. La jument était prostrée, immobile, comme paralysée, regardant les autres chevaux.

« Comment décririez-vous la jument ? Pourquoi est-elle paralysée ? » lui demanda le coach.

« Je me sens effectivement vidée de toute énergie et je me demande tout le temps si les enfants vont bien, je m'occupe de mon mari, mais il n'est presque jamais là. »

« À votre avis, quel cheval représente votre mari, et lesquels représentent vos enfants ? »

Sabine avait reconnu intuitivement que les deux chevaux qui regardaient au loin représentaient ses enfants. Ils se tenaient un peu à l'écart et se déplaçaient de temps en temps. Un autre cheval se tenant de l'autre côté représentait son mari. Il se tenait un peu à l'écart. Le mari s'était instinctivement posté près de ce cheval.

Le coach demanda à Sabine vers quels chevaux elles se sentait le plus attirée et l'invita à s'en approcher. Elle s'avança vers les chevaux qui représentaient ses enfants. Au même moment, ces derniers s'éloignaient, concentrés sur autre chose. Cela se reproduit à chaque fois que Sabine tentait de se rapprocher de ces chevaux.

« Qu'est-ce que vous ressentez ? » lui demanda le coach. Elle réfléchit et répondit d'un air perplexe :

« C'est comme si j'étais dans leur chemin, ou comme si je les bousculais. En fait, je m'inquiète tout le temps pour eux. » En effet, ma fille me demande souvent de lui laisser de l'espace pour qu'elle puisse vivre sa vie. « Et bien ! » s'exclama soudain Sabine, « je crois qu'ils sont heureux, qu'ils n'ont pas de soucis à vivre leur vie, ça leur plaît, ils sont heureux. »

« Et qu'en est-il dans votre propre vie ? » demanda alors le coach. Silencieuse, elle réfléchit avant d'avouer qu'elle n'en avait pas. « Je ne suis pas sûre de ma place », répondit-elle.

Sabine remarqua que le cheval qui représentait son mari était toujours immobile à côté de l'abri.

« Il est comme ce cheval, complètement préoccupé par d'autres choses, mais surtout pas par les enfants ou par moi. Je crois qu'il fonce droit vers le burnout, s'il continue comme ça. » répondit-elle avec amertume.

Le coach proposa de choisir un représentant pour son cœur. Elle choisit parmi quelques personnes invitées comme représentants. Il régnait un silence absolu dans la nature. La jument qui représentait Sabine s'est soudain approchée et immobilisée près de la femme.

« C'est bizarre » dit Sabine, « j'allais justement lui demander. »

La femme qui représentait son cœur s'est avancée dans le pré mais s'est arrêtée loin de Sabine.

« Pourquoi vous placez-vous là, cœur de Sabine ? » demanda le coach. « Je ne peux pas avancer plus », répondit-elle. « Je dois garder mes distances, rester loin d'elle. »

« Est-ce que ça vous parle ? » demanda le coach à Sabine.

« Oui, je n'arrive plus à établir de contact avec ce qui me tient le plus à cœur. Je suis devenue une étrangère pour moi-même. » Elle éclata en sanglots, se tenant là, perdue au milieu.

« Pourriez-vous aller vers votre cœur et rétablir le contact avec lui ? »

« Je ne sais pas, je vais essayer. » Elle s'avança lentement vers la femme qui représentait son cœur.

C'était fascinant de voir à quel point cette représentante parvenait à ressentir l'énergie et les émotions du cœur, même sans connaitre la personne. C'est une profonde connaissance corporelle, une sensibilité à l'énergie, l'intuition que chacun porte en soi.

Les larmes lui coulaient sur les joues lorsqu'elle regarda son cœur dans les yeux en le tenant main dans la main. Elle avait enfin de nouveau l'impression de se retrouver elle-même. La jument s'est approchée et a posé délicatement ses naseaux sur les deux mains, pour sceller cette énergie.

Le choix des mots est important, ils redonnent une énergie et une dynamique nouvelles, pouvant relancer le système et les modèles de comportement de la personne :

« Je suis ton cœur et je ne bats que pour toi. Ne me lâche plus jamais et écoute-moi. »

« Tu es mon cœur et tu ne bats que pour moi, je te porterai toujours en moi et je resterai liée à toi pour toujours. »

Entre temps, la jument était venue se poster près d'elle et de son cœur, entre elle et son mari.

Au moment où elle avait rétabli le contact avec son cœur, elle remarqua que les autres chevaux, représentant ses enfants, se rapprochaient d'elle.

Lorsqu'elle détourna l'attention de son cœur pour la tourner vers son mari, la jument s'écarta pour la laisser aller vers lui.

Alors qu'ils allaient à la rencontre l'un de l'autre, l'énergie avait complètement changé. Sabine avait fait le premier pas vers sa force et son potentiel, vers son cœur, pour lâcher prise – dans ce cas, lâcher ses inquiétudes pour ses enfants. Son mari se sentait alors plus libre pour déployer sa véritable force et créer une nouvelle relation.

Alors qu'ils se tenaient l'un en face de l'autre, ils ressentirent un nouvel amour naissant. Ils n'étaient pas encore au bout de leur voyage, n'avaient pas fini de résoudre leurs problèmes, mais c'était déjà un premier pas, le premier mouvement intérieur au niveau des émotions et de l'inconscient.

Trois chevaux s'étaient postés autour du couple, dans une position du poulain, comme s'ils voulaient protéger ce moment intime, tendre et vulnérable des yeux des autres. C'était un moment magique qui montrait bien la force émotionnelle que les chevaux peuvent transmettre. Ils montraient leurs talents de thérapeutes prêts à aider les humains dans leur présent, sans aucun jugement.

C'est une expérience que nous portons en nous depuis longtemps, mais il nous faut du temps pour bien le comprendre.

Allemagne

Chacun d'entre nous est marqué par une culture et sa langue. Une culture et une langue sont empreintes de concepts qui leur sont propres, que l'on ne retrouve pas forcément ailleurs. Ainsi, certains mots sont intraduisibles, il n'existe pas toujours un mot équivalent qui rendrait le même sens.

La culture allemande est marquée par de nombreux aspects, propres aux histoires et aux régions très différentes. Pourtant, par rapport à d'autres pays européens, il existe une tendance générale dans la société, avec certains codes et certains contextes.

Dans le milieu des affaires internationales, on dit que l'allemand est pragmatique, va droit au but avec une politesse juste, dans une société où la hiérarchie est bien définie et des titres précieux. Une société dominée par la logique, où l'on aime contrôler les situations et les systèmes. C'est peut-être un héritage de l'après-guerre, époque où le travail, l'organisation et une progression ordonnée donnaient un sentiment de sécurité. Une expérience traumatique laisse très certainement des traces systémiques, que ce soit chez une personne ou dans une société. La fiabilité est le mot clé dans de nombreux domaines.

La qualité et la crédibilité du contact sont toujours au premier plan. On veut être pris au sérieux et faire rapidement des affaires.

« Tellement sérieux », m'a un jour confié un collègue Français, « qu'il vaut mieux ne pas faire de blagues lors de la première réunion de travail. »

Dans le monde des affaires, il est essentiel de nouer de bons contacts, comme c'est le cas également dans d'autres pays, mais ici, on sépare clairement la vie privée de la vie professionnelle. Ce n'est pas le cas en Italie, ou en Espagne, notamment. Le contact personnel, même dans la vie privée, est la base pour faire des affaires à long terme.

Pourtant, même s'il existe une certaine éthique du travail en Allemagne, et si, à l'étranger, on dit souvent des Allemands qu'ils sont zélés, il existe un terme que l'on ne retrouve pas dans les autres cultures : le « Feierabend ». Si vous appelez un peu après 17 heures, vous risquez de ne trouver personne. C'est plutôt rare dans d'autres pays.

Ne rien faire, ne serait-ce qu'un soir, c'est du sérieux. C'est une victoire dans l'histoire de la culture du travail en Allemagne, et c'est sûrement pour cela que cette société s'est aussi bien développée du point de vue économique. Dans d'autres langues et d'autres cultures, l'historien Wilhelm Heinrich Riehl le confirme, on parlerait d'une « ambiance de bien-être, de réconciliation intérieure ». Un concept que l'on ne retrouve nulle part ailleurs tel quel.

Parmi les qualifications d'un cadre supérieur, on attend des compétences telles qu'une bonne formation, de l'expérience et de l'engagement.

On oublie malheureusement trop souvent l'intelligence émotionnelle, car, dans les formations les plus diverses, elle n'est ni développée, ni vérifiée, ni encouragée.

Ainsi, de nombreux cadres supérieurs se concentrent sur l'efficacité et l'innovation dans les processus techniques et logistiques, sur la modification des processus, oubliant toute forme de communication empathique avec les employés. Au sein des équipes on ressent un stress et une frustration latents, et certains employés sont victimes de harcèlement. Des employés sombrent dans le burnout et d'autres sont absents pour cause de maladie.

Le comportement des supérieurs n'est pas rarement responsable de ce genre de situations. Ces derniers ne montrent pas vraiment d'intérêt humain pour leurs employés, sont incapables de les écouter, car ils n'ont aucun esprit d'ouverture et d'engagement dans leur communication. Ils exigent sans encourager suffisamment, ne renvoient que peu de feedback constructif et juste, et ne proposent aucun soutien et aucune reconnaissance pour le travail réalisé, ils évitent les conflits et n'instaurent aucun esprit de groupe (« nous »). On pourrait rallonger encore la liste de comportements néfastes. Il suffit d'interroger les employés pour découvrir ce genre de problèmes.

L'intelligence émotionnelle, la responsabilité individuelle et la prise en compte du passé personnel, voire systémique, et les modèles de comportements inconscients ont également une grande importance au niveau des employés. Ils ne font malheureusement pas souvent d'efforts pour s'adapter à leur supérieur. Par expérience, j'ai constaté qu'ils s'énervent souvent, mais qu'ils ne prennent pas toujours leurs responsabilités pour résoudre une situation ambiguë ou un conflit. Tout environnement requiert un équilibre entre donner et prendre.

Que peuvent faire les cadres supérieurs pour ne pas échouer ? L'intelligence émotionnelle est une aide précieuse. C'est le psychologue américain Daniel Goleman qui développe ce terme au milieu des années quatre-vingt-dix. Entre temps, de nombreuses études ont montré qu'un cadre doté d'une IE réussira plus facilement que ceux qui ne misent que sur leur QI. L'intelligence émotionnelle regroupe trois éléments :

1. **Introspection** : la capacité à estimer de manière réaliste ses forces et ses faiblesses, ses besoins et ses valeurs. Les cadres capables

d'une bonne introspection privilégient un feedback positif, y compris, et à fortiori, de la part de leurs employés. Ils sont honnêtes avec eux-mêmes et n'ont pas besoin d'en mettre plein la vue aux autres.

2. **Autogestion** : ne pas se laisser emprisonner par ses propres émotions, mais rester constructif, même en cas de frustration ou d'irritations. Des études ont montré que les employés dont les supérieurs sont souvent de bonne humeur sont plus productifs.

3. **Motivation** : les cadres les plus motivés ont de grandes attentes. Envers eux en premier lieu, mais aussi envers leurs équipes. Ils développent un véritable engouement pour ce qu'ils font, et restent confiants, même dans les plus grands défis.[3]

Récemment, un scientifique allemand s'est plaint des « zombies » que l'on rencontre dans de nombreuses entreprises : des employés ayant perdu toute motivation pour leur travail. Ils se sentent coincés et freinés dans leurs initiatives, parce qu'il n'y a pas d'espace et pas le temps pour le dialogue, selon l'adage « Time is money, au suivant ! »

C'est exactement comme cela que fonctionnent les centres d'appel, où l'on peut voir précisément le nombre de clients que nous avons aidé, où l'on comptabilise le moindre passage au toilettes.

Ces « zombies » ne sont-ils pas le pur produit de la politique pour laquelle la « durabilité, le respect d'autrui » ne sont que des mots vides de sens ? Une politique où l'exploitation de l'être humain, de certains pays et de leurs ressources naturelles par le biais de la délocalisation est une chose normale ? La politique de nombreuses entreprises qui auraient perdu leur âme, l'enthousiasme des équipes et de l'employé en tant qu'individu ? Une politique de la cupidité, où l'argent n'est plus

---

[3]Source : Die Zeit Archiv Jahrgang 2015 Ausgabe 38 Wirtschaftspsychologie: Emotionale Intelligenz hilft

un moyen pour atteindre une plus-value dans la vie, mais l'objectif même dans le commerce et dans la société ?

Il est grand temps d'adopter une nouvelle philosophie, où l'on réaliserait enfin que tout est lié, que tous les pays sont liés entre eux, et où l'amélioration de la société est notre responsabilité à tous.

Qui ne connait pas les fameux entretiens d'évaluation qui pèsent sur notre vie professionnelle comme une épée de Damoclès ? C'est le moment où chacun est évalué au moyen d'un questionnaire, où l'on aborde également les éventuelles plaintes, les « on-dit » et les nouvelles exigences. Le questionnaire permet de tout mesurer sur l'employé et ses motivations, parfois sans informations complémentaires. On ne cherche que rarement à savoir ce qui a pu motiver un agissement ou à en discuter.

C'est comme une course où l'on essaierait de se montrer sous son meilleur jour et où le comportement éthique ne serait pas forcément une priorité.

Il ne faut pas se fier aux apparences

L'équicoaching ne requiert pas une connaissance particulière des chevaux. Il ne s'agit pas de faire du cheval ou de monter sur un cheval, vous aurez cependant le temps de découvrir comment on s'occupe des animaux. Si vous avez peur des chevaux, nous vous proposons une approche en douceur des chevaux.

Objectif du coaching :
Les chevaux sont d'excellents vecteurs de feedback. Lorsqu'on travaille avec eux, on reconnait et on ressent intensément ses propres modèles de comportement et de communication. Pendant la séance de coaching, vous serez amené à remettre en question ces modèles, à tester d'autres approches et à développer un objectif personnel et un plan de mise en œuvre concret. Cela nous permettra ensuite de transposer dans le quotidien les observations issues de cette expérience.

Les participants découvrent leur potentiel de développement et leurs capacités de changement, et apprennent à communiquer d'une manière plus claire et plus humaine.

Des responsables commerciaux sont venus me voir pour un équicoaching sur le leadership. Le directeur, qui avait organisé cet atelier avec moi, était très intéressé et a demandé à être présent. Le groupe était essentiellement composé d'hommes, et ne comptait que deux femmes. Plaisanteries et rires étaient au programme, sans doute pour se détendre avant de découvrir ce qui les attendait au cours de cette séance de coaching. Le directeur est resté plutôt formel, affirmant sa supériorité et une présence inspirant le respect. Il semblait être une personne capable de s'exprimer avec autorité, qui avait le contrôle de la situation.

Nous nous sommes donné rendez-vous dans un manège dans le Münsterland, dans le nord de l'Allemagne. C'était un endroit calme, et nous avons pu nous concentrer sur le coaching de chacun des cadres. Pour ce séminaire, nous avions prévu une séance réflective personnelle pour chaque participant, afin d'analyser le style de leadership et la communication non verbale de chacun, et d'optimiser tout cela à l'aide des chevaux et d'un exercice. Cet exercice allait certainement révéler des modèles de comportement inconscients, ce qui pouvait être source de confrontations. Nous avons choisi une petite carrière avec un cheval en liberté, dont le langage corporel reflétait le comportement du cadre.

Le directeur s'est proposé pour passer en premier, en cobaye, en quelque sorte. Pour commencer, je lui ai demandé de faire quelques exercices respiratoires, afin de le détendre. Cela permet à la personne de se concentrer entièrement sur soi, de prendre conscience de ses émotions et de son corps, et par conséquent de son intuition. En tant que coach, nous demandons aux personnes de se fier à leur intuition corporelle et de se rendre là où leurs jambes les portent. Sûr de lui et de manière contrôlée, le directeur s'est avancé vers sa place, comme s'il se rendait à une réunion de travail.

Les chevaux n'ont que faire des titres, des fonctions ou de l'apparence, ils détectent tout de suite l'essence même de la personne. Le directeur s'est posté près du cheval. Au même moment, le cheval s'est légèrement approché de lui et on aurait dit qu'il essayait de se faire plus grand que le directeur. L'homme s'est redressé comme s'il voulait montrer au cheval sa puissance et son contrôle. Au bout de quelques secondes, le cheval a pris une posture de défiance, tapotant légèrement l'épaule et le bras de cet homme avec sa tête.

J'ai demandé à ce monsieur ce qu'il éprouvait à ce moment-là. Il me répondit qu'il avait l'impression de se trouver dans une situation conflictuelle. Lorsque je lui demandais s'il connaissait ce genre de situation au travail, il reconnut qu'il se disputait souvent avec ses employés, généralement au sujet de protocoles ou de délais à respecter.

Bien sûr, au travail, il s'agit d'être productif, mais la manière de communiquer était-elle appropriée ?

Il dût réfléchir un instant, ne semblant pas trouver immédiatement de réponse. Il semblait vraiment apprécier cette séance avec le cheval.

Je lui ai alors demandé de fermer ses yeux et de se détendre un peu, car on sentait bien la tension dans cet espace. Il devait ainsi se concentrer sur sa respiration et ses émotions. Lorsqu'une personne rétablit le contact entre la raison et les émotions tout en se détendant, elle libère une énergie complètement différente. Au bout d'un moment, le cheval a commencé à se détendre, il se tenait près de l'homme, plus calme. Ce dernier pourrait refaire cet exercice au travail.

Il s'agit bien là d'un conditionnement. C'est un comportement inconscient, dicté par l'éducation et l'environnement : toujours avoir le contrôle sur tout, toujours en quête de perfection dans son travail. C'est déjà facteur de stress, et inconsciemment, on est persuadé de ne jamais être assez bon. Ces personnes sont susceptibles d'aller rapidement droit au burnout. Elles ne se considèrent jamais comme suffisamment parfaites, et visent toujours plus haut.

Le véritable leadership consiste pourtant à encourager l'autonomie et à relâcher les ficelles, au lieu de toujours les tirer.

Alors que ce monsieur s'apprêtait à quitter la carrière, le cheval jouait avec son licol posé au sol. Il se trouve que l'on interprète le fait de toucher la bride ou le licol comme un conditionnement de l'humain. Je posais la question au directeur, et il parut étonné, il n'avait apparemment pas pensé à cette éventualité. Chacun de nous est plus ou moins conditionné. Nous sommes guidés par nos convictions inconscientes et personnelles et par nos blessures du passé. Nous avons tendance à nous adapter aux attentes des autres. Ce comportement apparemment fort du directeur n'était en fait qu'un masque pour cacher ce conditionnement et ses faiblesses.

Lors d'une séance d'équicoaching systémique, nous pourrions approfondir le sujet, et révéler et corriger l'influence des parents ou d'autres membres de la famille au cours de l'enfance.

L'approche systémique consiste en fait à retrouver cet équilibre entre donner et recevoir. Une personne qui porte encore en elle cette influence et tout ce qu'elle a entendu chez ses parents, ne pourra pas vivre pleinement sa vie. Ne pas se sentir bloqué par des convictions inconscientes lors du contact avec son équipe peut être très bénéfique pour un cadre supérieur.

Le cadre suivant était une personne très calme, voire timide. Il ne parlait pas beaucoup, dans le groupe.

Lorsqu'il s'est posté dans le cercle, le cheval, le même qu'avant, s'est placé tout calme et détendu à côté de lui. Lorsque cet homme s'est mis à marcher, le cheval l'a suivi. Lorsqu'il se tenait immobile, le cheval se tenait immobile derrière lui. On pouvait déceler une incroyable alchimie entre eux, révélant des qualités évidentes de leadership insoupçonnées. Ne dit-on pas que « la force réside dans la tranquillité » ? Garder son calme pour faire une introspection, rester authentique, « ÊTRE » dans le moment présent, ne pas avoir besoin d'adopter un comportement dominateur, tout cela permet de mieux maitriser les différentes situations et d'établir une meilleure connexion avec l'autre.

On voit là une posture que les chefs du personnel et responsables commerciaux n'apprécient pas forcément. Ils ne voient généralement que le masque de bravoure, les apparences extérieures, qui cachent souvent une certaine incertitude, qui peut intimider les autres.

C'est pourquoi je pense qu'il est grand temps de changer le système de croyances et d'encourager une meilleure connaissance, plus d'empathie et de clairvoyance, y compris dans le domaine du personnel et du recrutement. C'est le seul moyen pour créer une entreprise dans laquelle les employés se sentiront bien sur le long terme !

Une équipe – peaufinage de processus ou potentiel humain ?

C'est une question d'actualité pour les entreprises privées durables : comment optimiser les processus et les équipes ? Nous savons tous que le potentiel humain est bien plus déterminant pour le succès que les changements continus de processus. Mais quels sont les véritables prérogatives pour des conditions cadres optimales ? Et comment développer un leadership holistique harmonieux ?

Malheureusement, il ne suffit pas d'observer ses collaborateurs en tant qu'individus. Il faut voir la dynamique de l'équipe dans son ensemble. Outre le manque de moyens de communication, on rencontre souvent des tensions et des frustrations latentes ou de nombreux non-dit, qui empêchent une collaboration optimale. Les conséquences – arrêts maladie, problèmes de burnout, etc. – ne font qu'augmenter les tensions lorsqu'un autre employé doit se charger du travail du collègue absent. C'est une catastrophe aussi du point de vue économique. Cela peut coûter très cher au cadre supérieur et au directeur, sans compter le stress que cela engendre.

En général, il s'agit d'un manque de synergie et d'une grande méfiance entre collègues. N'oublions pas que l'approche des cadres joue un grand rôle : la communication émane-t-elle des cadres et est-elle à sens unique, ou bien circule-t-elle de manière fluide entre tous les collègues ? Soulignons encore une fois que l'intelligence émotionnelle du directeur joue là un rôle très important.

Mais il faut ajouter à cela le système personnel de chaque collaborateur, dont le rôle n'est pas négligeable, et va même marquer l'alchimie au sein de l'équipe. Chacun occupe-t-il bien sa place, sa position ? Rencontrez-vous des blocages ? Chacun se sent-il bien vu ou bien estimé à juste titre dans ce système (l'entreprise), pour qu'il puisse lui faire bénéficier de tout son potentiel et se connecter aux autres ?

Ce sont autant de questions auxquelles nous serons régulièrement confrontés, notamment dans les entreprises qui souhaitent une optimisation durable et stable.

Une équipe comptait dix thérapeutes qui étaient souvent amenés à collaborer. Chaque thérapeute était responsable d'un quartier de la ville. La communication restait cependant essentielle, même si elle se faisait par téléphone ou par mail, avec seulement de rares occasions de se retrouver.

J'ai demandé au groupe de choisir un endroit dans la carrière. Chacun a pris une place, ils étaient tous assez éloignés les uns des autres : On pouvait ressentir une certaine distance. Chacun avait bien entendu une place dans la vie (professionnelle), mais il s'agissait également de savoir occuper cette place. Au début, les chevaux sont restés sur le côté, ne cherchant aucun contact. Ils s'amusaient avec les feuilles du saule pleureur, n'accordant aucune attention aux gens ou à l'herbe bien verte de la carrière. Les chevaux ne montraient aucune envie de contact, ce qui indiquait un manque ou un besoin, caractérisé par le grignotage des feuilles du saule pleureur. Un indice clair dans le travail systémique, qu'il faut toujours prendre en compte pour rester sur la bonne voie. « Comment était l'ambiance, le contact au sein du groupe ? »

Les réactions furent plutôt réservées.

Une personne s'est lancée et a parlé des protocoles dans son travail. D'autres ont évoqué la pression quotidienne. C'est alors qu'un cheval est entré dans le groupe, se postant au milieu, devant un des membres.

J'ai demandé à la femme si elle avait une idée de ce que le cheval pouvait vouloir lui dire. Silence. La femme n'a pas répondu tout de suite, mais elle a fini par expliquer que, dans l'équipe, chacun ne travaillait que pour soi. Nouveau silence.

Le cheval s'est alors posté devant une personne, entre elle et moi (la « position du poulain »). On entendit alors un sanglot. La femme s'est mise à parler, racontant qu'elle luttait depuis quelques temps contre un burnout et que personne ne s'était jamais intéressé à sa situation. On ne parlait que de protocoles, s'infligeant une pression de plus en plus forte. Le groupe était silencieux. Il a fallu que je demande si quelqu'un était au courant pour que le dialogue s'établisse.

Le cheval s'est alors déplacé vers une autre personne. Il s'agissait d'une collaboratrice qui travaillait beaucoup avec la première personne. Elle a commencé par présenter ses excuses, disant qu'elle n'avait pas imaginé que sa collègue avait pu se sentir si seule au travail... On ne parlait pas ou peu de sentiments, au travail.

Les différentes personnes se sont rapprochées, si bien que le groupe formait un cercle. Les dialogues ont ouvert aux chevaux de nouvelles voies de collaboration.

La vie professionnelle allemande peut être très rigide en matière d'émotions au travail. Pourtant, cette nouvelle expérience dans la nature a été perçue comme très positive et authentique.

France

J'ai travaillé à Gruissan, dans le sud de la France, dans un ranch avec quatre chevaux : Quieto, Juan, Olaf et Querido. D'autres chevaux se trouvaient autour d'eux, sur un terrain ouvert et stable. J'ai toujours eu du mal à expliquer clairement le travail systémique à l'aide de chevaux. On pense souvent immédiatement aux chuchoteurs ou à d'autres phénomènes « new age », tout aussi compliqués à expliquer. On dirait que le travail sur son développement personnel représente une espèce de menace, parce qu'il s'agit de se confronter à ses faiblesses et ses incertitudes.

Les scientifiques français sont assez sceptiques face au concept d'« intelligence émotionnelle ». Cela est sans doute dû au fait que la France est une société très raisonnable, guidée par les traditions, la bureaucratie, les hiérarchies et les protocoles. Ajoutons à cela que le concept vient des États-Unis, et que la culture anglo-saxonne n'a pas une très bonne presse en France, car elle ne prend en compte que peu de différences culturelles et représente, en particulier au cours des dernières années, une sorte de « culture du gagnant », sans éthique dans le contexte économique.[4]

« Les américains en font trop », voici ce que de nombreux Français pensent des américains. Les Français vivent plus dans l'instant, apprécient le temps du repas à table, en famille ou avec des amis, sur la terrasse. Les émotions « enthousiastes » des cultures anglo-saxonnes, par exemple, sont ainsi moins connues en France.

---

[4]Emotions, organisation et management : une réflexion critique sur la notion d'intelligence émotionnelle parJean-François Chanlat Professeur, Hec Montréal Professeur associé,Université Paris-Dauphine

« Les émotions peuvent entraver la réussite professionnelle », affirme le journaliste français Jean Laurent Cassely sur Slate.fr.[5] :

« Si votre job consiste à analyser des données ou à réparer des voitures, il peut être assez gênant de lire les expressions faciales, les tonalités de la voix et les langages corporels des gens qui vous entourent. Suggérer que l'intelligence émotionnelle est critique sur le lieu du travail revient peut-être à placer la charrue avant les bœufs. »

L'auteur, quelque peu archaïque, oublie malheureusement que le monteur a peut-être tout intérêt à établir un contact visuel avec son client pour lui donner envie de revenir. Les émotions ne doivent bien sûr pas être authentiques, mais un prestataire de services qui ne sait pas écouter et répondre aux attentes de son client ne maîtrise pas parfaitement son travail. Il lui suffirait pourtant d'une bonne dose d'empathie pour enrichir également sa vie privée.

Malheureusement, on pense souvent que l'intelligence émotionnelle peut être utilisée pour manipuler l'autre.

Certes, des personnes très intelligentes sont capables d'influencer les autres de cette manière. Mais l'émotion intelligente dont sont dotés les chevaux, et que l'on ne devrait pas nommer autrement, est le savoir et le ressenti intuitif intérieur que nous sommes tous reliés les uns aux autres, pour servir un ensemble plus vaste. Il s'agit là de se « présenter dans sa force authentique », où il n'est pas nécessaire d'avoir recours à la manipulation pour compenser ses frustrations et son égoïsme. Les chevaux ne connaissent pas ces masques psychopathiques. Au cours de la séance, ils confronteront directement ces personnes à leurs masques et révéleront le motif systémique, la raison pour laquelle elles portent ce masque. L'émotion intelligente doit avant tout permettre une meil-

[5]Le côté obscur de l'intelligence émotionnelle slate.fr Jean-Laurent Cassely — 5 janvier 2014

leure relation avec soi-même et avec les autres et instaurer plus d'harmonie autour de soi !

Malheureusement, le concept de cette intelligence est trop souvent récupéré pour des fins néolibérales, délaissant la durabilité et l'éthique. L'auteur français qui dénigre la nécessité de l'intelligence émotionnelle ne propose aucune alternative pour promouvoir l'humanité et la durabilité dans l'économie. Dans la politique et l'économie, le développement de compétences personnelles et émotionnelles ne sera pris en compte que si les hautes sphères et l'élite répandent cette idée, et ce n'est pas encore une généralité dans la culture française. La communication d'égal à égal est entravée dans de nombreux secteurs et les frustrations restent latentes, jusqu'à ce que l'énergie négative déborde et que le tout explose dans une agressivité passive ou un conflit (par ex. une insurrection ou une révolte) dans la société.

Le Français reçoit une instruction conservatrice et empreinte d'idées poussiéreuses dans un système scolaire aux principes cartésiens. Des institutions conservatrices veillent pour que les informations passent toujours en français, négligeant malheureusement l'optimisation des langues étrangères et des cours de langue. Les jeunes ne sont pas vraiment fascinés par les thèmes et les textes démodés enseignés dans les langues étrangères.

Les mathématiques et la philosophie peuvent être des matières fascinantes, mais leur enseignement manque de nouvelles idées et de nouvelles approches.

Ajoutons à cela que la promotion des compétences empathiques est reléguée au second plan. L'élève français doit être performant, selon un modèle ancien et bien défini.

Si un élève a de mauvais résultats, à cause, par exemple, d'une dyslexie ou une hypersensibilité, il se retrouvera marginalisé également dans la société, en dehors de l'école. C'est malheureusement un phénomène que l'on retrouve dans plusieurs pays européens et qui ôte toute envie d'apprendre. À quoi bon travailler à l'école si le cœur, les émotions et la motivations font défaut ?

Des études ont montré que l'on retient moins et que dans ce cas, on oublie rapidement ce que l'on a pu retenir. L'avenir reste cependant conventionnel, et la plupart des entreprises considèrent que les formations ne sont utiles que dans certains cas. Le développement de la personnalité n'est jamais considéré comme une priorité.

Une publication du SAGE Journal sur les formations en entreprise et formations individuelles en France :

« Les cours et les formations permettent d'actualiser les compétences, le développement de compétences et l'amélioration des compétences, en fonction des processus de décision, de la signification que vous accordez à l'agence de collaborateurs, et des résultats de la formation. Alors que les politiques du personnel proposant des opportunités de formation jouissent d'une grande considération dans les entreprises, la promotion des compétences individuelles dépend toujours des systèmes de participation de l'employé. L'article poursuit en affirmant que « cet objectif ne peut être réalisé uniquement avec la voix collective. La voix individuelle joue également un rôle central dans la formation professionnelle. »

La région du Languedoc illustre très bien cette tendance. Les habitants de cette région sont très traditionalistes et s'accrochent à un certain nombre de conventions et de visions communes. Il y a vingt ans, cette région était encore complètement isolée d'un point de vue économique. C'est seulement dans les années 90 qu'elle a commencé à promouvoir le tourisme, en lançant de nouveaux projets, et en développant des activités économiques avec de nouveaux investisseurs.

La plupart des habitants n'avait pourtant jamais quitté leur région. Lorsque vous êtes malade, vous allez voir un médecin, lorsque vous vous sentez déprimé, vous allez consulter un psychologue. Certains métiers ne sont pas encore institutionnalisés, car les personnes n'ont pas assez d'expérience avec des alternatives en matière de thérapie et de coaching.

En France, le cheval jouit d'une considération traditionaliste : l'homme maîtrise le cheval et l'utilise pour le travail, pour l'équitation ou pour le sport. Le cheval doit obéir à son maître ou à sa maîtresse. L'idée d'une relation de partenaire entre l'homme et le cheval commence à émerger, mais on ne considère pas encore le cheval comme le maître pour des fins de coaching !

L'équicoaching n'est pas encore un phénomène reconnu partout en France. Certains manèges proposent des ateliers à la manière de Rupert Isaacson. Une poignée de formateurs s'est spécialisée dans le coaching réflectif, mais les entreprises qui participent se comptent encore sur les doigts de la main. Il est indispensable de développer ce secteur !

Succès au travail : la question qui cache la question

« Je ne sais pas trop ce que j'ai envie de découvrir » me dit une voix timide au téléphone. « J'aimerais peut-être avoir plus de succès au travail. Je dois me débrouiller un peu partout, sans grand succès ! »

Valérie m'avait contactée sur Facebook et avait envie de tester cette nouvelle forme de coaching. J'avais l'impression qu'elle voyait ça comme un jeu, car elle m'a demandé le genre de figure qu'elle devrait faire à cheval.

Je lui expliquais alors que l'on travaillait avec les chevaux dans la nature, sans les monter, et qu'il s'agissait de se servir de leur sensibilité systémique pour analyser des sujets de vie.

J'avais envie de faire découvrir l'équicoaching dans cette région, où personne ne savait de quoi il s'agissait. Quelques connaissances étaient méfiantes, me répondant « Ah non, moi, je me sens bien ». « Les chuchoteurs, ça me laisse plutôt dubitatif. »

Alors bien sûr, je dois expliquer et rappeler que les chuchoteurs n'ont rien à voir, et que l'équicoaching n'a rien de magique ou ésotérique. C'est un travail sur la logique naturelle.

Le samedi, je retrouvais Valérie, avec son mari et ses enfants.

Je lui demandais si elle souhaitait que son mari participe à la séance de coaching. « Oui, bien sûr ! » me répondit-elle.

C'est incroyable comme le « hasard » rassemble les hommes et les sujets nécessaires pour aider un client. Valérie avait une question sur sa vie professionnelle, et elle pensait certainement être à l'abri de sujets plus profonds.

En revanche, le cheval étant absolument honnête, il révélera justement ce qui est essentiel pour le développement de la personne. C'est un élément qui servira pour le travail ultérieur.

Valérie avait elle-même des chevaux et s'est sentie tout de suite à l'aise parmi Quieto, Juan, Olaf, Tanka et Querido. Je lui réexpliquait le déroulement du coaching, lui rappelant de se fier à ses propres émotions. Lorsque je poserai des questions ou suggérerai quelque chose, j'observerai dans quelle mesure elle est vraiment concernée.

Valérie choisit un emplacement dans le pré, entre les chevaux, où elle se sentait à l'aise à ce moment-là.

Tous les chevaux se sont mis à s'agiter, allant çà et là, comme si l'environnement n'était pas véritablement équilibré.

Je lui demandais si cette agitation lui rappelait quelque chose, et si elle avait une idée d'où elle pouvait venir. Elle me répondit qu'elle était effectivement très stressée au travail. « Et dans ta vie privée ? » lui demandais-je. « Oui », reconnut-elle, « là aussi ! »

Quieto s'était posté à l'écart des autres chevaux et se tenait tranquille, contrairement aux autres. « Qui cela pourrait être ? » demandais-je à Valérie.

Sa réponse fusa : « C'est mon mari. Il garde toujours son calme ! Tout le monde vient lui demander conseil », répondit-elle.

Son mari se tenait en dehors du pré, distrait par autre chose. Je demandais à Valérie si elle souhaitait se rapprocher de son mari. Elle n'en éprouvait cependant pas le besoin. À l'évidence, elle avait plutôt besoin de distance.

Je demandais à son mari de prendre place dans le pré. Alors qu'il n'avait pas entendu notre discussion, il s'est posté loin de sa femme, près de Quieto, auquel il s'était inconsciemment identifié.

Je montrais la distance à Valérie. Elle haussa les épaules, disant que ça avait toujours été comme ça. Elle paraissait chagrinée et un peu déboussolée. Elle ne s'était pas attendue à ce que cette séance l'emmène aussi loin.

Tanka se tenait aussi loin d'elle. Qui représentait-il ?

Une autre personne de sa famille, qui prenait ses distances par rapport à elle ? Prostrée un coin ?

« Mon père », répondit-elle instantanément. Puis elle se tut, comme si elle venait d'en dire trop. L'environnement naturel et les chevaux l'incitaient à être plus ouverte que d'habitude.

La discussion s'est naturellement orientée vers sa mère, qui s'était séparée de son père des années auparavant. Elle avait une bonne relation avec sa mère, même si le contact était plutôt agité et si sa mère la critiquait souvent. Elle avait clairement identifié Juan comme représentant de sa mère. Il broutait pas trop loin d'elle. J'ai demandé à un représentant (nous en avions quelques-uns à disposition) de prendre la place de sa mère.

Quand je lui ai demandé des précisions sur son père, elle s'est montrée plus réservée. « Je ne veux pas parler de lui. Il avait disparu et essaie de reprendre contact avec moi, mais je n'en ai pas envie. »

Je sentais qu'il y avait là de nombreux non-dit et qu'il fallait d'abord se concentrer sur sa mère. La mère se tenait là, plutôt froide. (Les représentants prennent automatiquement la posture de la personne qu'elles représentent et ressentent en partie, voire en grande partie leur énergie, leurs pensées et leurs émotions). « Elle n'a jamais été chaleureuse avec moi », dit-elle. « Mais depuis que j'ai ma fille et qu'elle me la garde régulièrement lorsque je travaille, on parle un peu plus ensemble. »

Au même instant, Querido, le jeune cheval, s'est avancé et s'est posté entre la mère et la fille, posant délicatement son museau sur les deux mains, alors qu'elles se regardaient.

Les mots d'amour sortaient maladroitement de la bouche de la mère. « C'est comme ma mère, elle ne sait pas exprimer ses sentiments. »

C'était plus simple avec sa fille. Sa fille biologique s'est ajoutée à la scène. Valérie en avait les larmes aux yeux, et elle dit qu'elle comprenait mieux sa mère : elle savait qu'elle n'avait pas reçu beaucoup d'amour de la part de ses parents. Sa fille avait créé une nouvelle brèche entre les deux femmes. Querido se tenait tendrement entre les deux. Il représentait clairement la fille.

Valérie soupira, pensant que la séance était terminée. « Maintenant, je me sens plus forte, émotionnellement. »

Elle voulait se détacher et remercier les autres chevaux. C'est généralement ce qui se fait dans ce genre de séance de coaching. Elle voulut ensuite se rapprocher de son mari, qui se tenait encore plus loin dans le pré.

Mais lorsque Valérie s'approcha de lui, Olaf, le Frison, lui barra le chemin. Il refusa de s'écarter, lui envoyant un signal très clair : elle devait aller vers Tanka, qui représentait son père !

Je le ressentis clairement et demandais à Valérie ce qu'elle éprouvait.

« Il me pousse vers Tanka ! »

« Et pourquoi, à ton avis ? » lui demandais-je.

« C'est mon père, mais je ne veux rien avoir à faire avec lui. »

« Pourtant, Olaf pense que c'est important et que tu dois faire quelque chose dans ce sens pour ton propre bonheur et ton épanouissement. »

« Mais je ne veux pas », répondit-elle d'un air décidé.

Dans le temps, j'aurais essayé d'encourager, de pousser cette femme pour la convaincre. Son père semblait me représenter. Ma fille aussi m'évitait parfois. Est-ce que c'était juste ? Avant, je me serais sentie responsable, j'aurais considéré que c'était mon devoir de rendre de nouveau heureux les gens malheureux.

Mais seule la personne elle-même peut décider d'être heureuse. Personne ne peut la forcer. J'avais fondé toute une histoire d'amour sur un « sauvetage », et j'avais là enfin l'impression de prendre mes responsabilités, pour mon propre bonheur. Pour aider les autres, il faut se mettre à côté d'eux et les soutenir dans ce processus.

J'ai alors pris mes distances et me suis postée près de la femme, comme une observatrice et un partenaire empathique.

« C'est bon », lui dis-je. « Tu vas laisser tout ça reposer un peu en toi, tu dois digérer tout ça. C'était déjà beaucoup, là. Tu peux revenir quand tu veux. »

« Oui, d'accord », répondit-elle, heureuse d'être libérée.

« C'est seulement quand on est libre qu'on peut faire un choix et prendre des décisions importantes. »

« C'était très intense », ajouta-t-elle. « Je reviendrai peut-être, dans quelque temps. »

Notre assertivité et notre empathie sont influencées par les parents, au cours des premières années de notre vie. Accorde-t-on à l'enfant de l'espace et de la confiance pour se développer ? Le père, ou la personne de référence masculine, donne-t-il à l'enfant la force de s'imposer et lui montre-t-il suffisamment de confiance ? La mère ne donne peut-être pas l'attention nécessaire pour aider la petite fille à affirmer son côté féminin ?

Au cours de cette séance, les chevaux ont montré qu'il manquait l'attention masculine. L'aptitude à s'imposer n'avait pas été entièrement développée. Il fallait rétablir la relation avec sa part masculine, avec son père et par conséquent avec son partenaire, avec lequel il y avait clairement une distance.

Cette situation a certainement des répercussions sur son travail. Le type de comportement est reproduit et rien n'est fait pour le remodeler.

Les chevaux vont directement au cœur du sujet, et cette séance l'avait vraiment bien démontré.

Olaf ne voulait pas laisser partir ma cliente sans qu'elle n'ait reconstruit ou soigné cette partie.

Mais c'est la volonté de l'humain qui a le dernier mot.

« *Premier amour* » au cours d'une séance avec un couple français.

Un couple de la région a réservé une séance de coaching avec moi. La dame avait une question concernant sa relation de couple. Elle expliqua qu'elle trouvait que son partenaire était parfois froid envers elle. Les chevaux Olaf et Querido se sont instantanément dirigés vers elle et lui ont montré un chemin simple vers son univers émotionnel, alors que Juan et Quieto se tenaient à distance. Elle identifia Juan à sa mère, qui gardait ses distances du point de vue émotionnel, refusant de lui montrer la moindre forme d'appréciation. Mais avait-elle, elle, montré à sa mère une forme d'appréciation ? Elle regarda le représentant de sa mère et se mit à pleurer : « Je regrette de ne pas lui avoir suffisamment montré à quel point je l'apprécie. »

Juste à ce moment-là, nous étions dérangés par un homme énervé qui criait, dans un autre coin du ranch, et la dame répondit sans regarder : « C'est mon ex. Il était dominateur et me criait dessus, exactement comme lui ! » L'agitation chassa les chevaux du pré, seul Querido et Juan restèrent près de la femme. Il suffit d'un représentant pour son ex-mari pour qu'elle tourne la page, lui rendant le poids qu'elle portait pour lui. Après cette intervention, Juan se poussa, laissant le passage vers son mari, et Querido se tenait entre les deux et moi, pour donner un peu d'intimité au couple.

Au cours de la séance, le premier amour n'avait pas été évoqué dès le début, mais il a été introduit par ce « représentant » inattendu, qui représentait à un moment donné une partie du système de la femme. Il fallait d'abord traiter le problème avec cet homme. Elle devait repasser par-là, revivre son expérience. Elle a pu le remercier pour le temps qu'ils ont passé ensemble et lui rendre ce qui ne lui appartenait pas, pour le laisser partir.

L'homme ne voulait pas reprendre son poids, mais la femme a cependant reconnu la force qu'elle avait et elle ne se sentait plus dépendante de sa reconnaissance. Elle était même soulagée. J'ai expliqué à la dame que l'homme qui avait crié dans le ranch faisait partie, à ce moment donné, du système, et qu'il était absolument important pour son développement spirituel personnel et pour sa relation avec son mari.

Italie

Le pays du soleil, de la culture et des émotions fortes, pourrait-on dire. Mais ici aussi, on a des conventions, souvent entretenues par l'église catholique et par d'éventuelles fausses interprétations. Exprimer ses émotions fait partie intégrante de la culture, mais l'apparence, « la bella figura », l'élégance, la prestance et la première impression jouent également un rôle considérable. Si l'on sait y faire, on peut en vivre pendant toute sa carrière, sans jamais devoir rien faire de concret en échange !

Des études scientifiques menées en Italie montrent des nouveaux développements dans l'économie et dans la société, où les jeunes se sentent abandonnés, mal acceptés par l'extérieur, et ne parviennent pas à s'identifier à leur univers émotionnel. On peut voir des signes de l'augmentation d'un malaise émotionnel, notamment chez les enfants et les jeunes. La crise sociale ne contribue pas à améliorer cette ambiance. On note en particulier une recrudescence de la violence entre jeunes. L'Italie a le plus fort taux d'homicides volontaires, juste après les États-Unis. Cela montre que certains Italiens mineurs ont de forts manques en matière de contrôle de soi, ne sont pas capables de contrôler leur colère et manquent d'empathie. L'expert en communication Marc Pletzel, nous parle des moyens de développer l'intelligence sociale émotionnelle :

« *En Allemagne, les sociétés font bien plus appel à l'anonymisation pour inciter le client à faire des achats impulsifs. Les contacts sociaux ne feraient que le distraire. Le marché ou le supermarché auraient-ils perdu leur fonction de centre d'échange ? Où se retrouveront les êtres humains dans quelques années pour retrouver cet échange ? Lorsque vous allez dans les pays du sud, comme l'Italie, vous trouverez, notamment dans les petits villages, ces lieux d'échange interhumains. Ce sont d'excellents endroits pour entrainer mutuellement les compétences sociales, la coopération. On constate, notamment en Allemagne, que ces endroits se raréfient, et le manque de contacts est compensé par une forte consommation télévisuelle, une omniprésence des jeux d'ordinateurs et des salles de jeux. L'église perd aussi de sa fonction de forum, en particulier au cours des dix-quinze dernières années, et il n'y a rien de nouveau qui pourrait la remplacer. La possibilité de vivre seul ne doit pas signifier que chaque membre d'une société doit vraiment vivre seul. Il serait plus logique de stimuler les compétences sociales du fait d'un isolement croissant des êtres humains. »*

L'isolement des êtres humains dans la société a certainement un rapport avec le manque de lieux de rencontres et de compétences sociales. Les médias sociaux ont remplacé le marché et l'église. Les « likes » et les commentaires sur Facebook remplacent des discussions de vive voix. L'être humain a perdu tout contact avec lui-même, son univers émotionnel et avec les autres. Le contact avec la nature, avec les animaux, l'équicoaching, pourrait rétablir cette connexion.

Le tyran d'une relation amoureuse

Francesca avait envie de tester l'équicoaching systémique, sans toutefois avoir de question précise. Elle me raconta qu'elle s'inquiétait parfois pour son fils, et qu'elle aimerait avoir une séance sur sa propre vie, et me demandait ce qu'elle pouvait faire pour que sa vie soit plus équilibrée. Elle accepta de choisir un représentant pour son fils.

Les deux chevaux n'arrêtaient pas de marcher entre « son fils » et elle. Ils tournaient en rond, passant et repassant entre les deux. Le fait de passer entre elle et son fils montrait un manque total de respect. Ils poussaient le « fils » et la mère. Un sujet s'imposait clairement : les limites, le respect de l'espace de l'autre.

Elle me raconta que personne ne respectait sa place dans sa vie. Francesca me parla de son père, et je demandais à un représentant de venir jouer le rôle du père. Une fois que son « père » était entré dans le pré, les chevaux se sont encore plus agités. Ils tournaient en rond, allant même jusqu'à toucher un nid de guêpes, ce qui rendit la situation encore plus turbulente, obligeant des gens de l'extérieur à intervenir pour calmer les chevaux et chasser les guêpes. Francesca reconnut son père dans ce comportement. Agitation et discorde, comme son partenaire, qui les avait quittés il y a des années, elle et son fils.

Au cours de la séance, nous avons organisé une intervention entre Francesca et son père, créant un équilibre entre donner et prendre, et lui permettant de rendre le poids inutile qui appartenait à son père. Elle s'aperçut alors qu'elle avait choisi un partenaire qui ressemblait à son père, avec son manque de stabilité et sa forte dominance. En rendant ce qui revenait à son père, elle a pu reprendre sa vie en main. Dès qu'elle s'était concentrée sur cette intrusion et avait défini les limites, les chevaux se sont calmés.

J'ai reconnu là mes propres relations turbulentes et les nouvelles limites dans ma vie.

Ce qui est intéressant dans cette situation, c'est que les chevaux montrent toujours ce qui est important au moment T de la séance pour le développement du participant, même si la personne n'a posé aucune question. À la fin de la séance, Francesca avoua que le sujet des limites la préoccupait souvent.

Les chevaux ont ce pouvoir extraordinaire de vivre dans l'instant présent !

Un premier amour sous contrôle

Mario, le propriétaire du ranch avait (aussi) une question. Je lui demandais sur quel aspect de sa vie il souhaitait en savoir plus, il me répondit : « Voyons simplement ce que les chevaux ont à me raconter. » Une fois dans le pré, il choisit une place centrale et ouverte. « Comme ça, je vois tout ce qui m'entoure et je peux tout contrôler. »

Les deux chevaux gardaient leur distance par rapport à lui et évitaient tout contact, indiquant que la personne ne se montre pas vraiment telle qu'elle se sent. Les chevaux se tenaient côte à côte. Ils montraient un certain calme, broutaient de l'herbe et continuaient de s'éloigner de cet homme. Je lui parlais de contrôle, il me répondit qu'il aimait le bon sens et la raison, et que tout dans sa vie et son travail était bien organisé. Et qu'en était-il de ses émotions, de ses sentiments dans la vie ?

Mario répondit qu'il se sentait mal. Les chevaux commencèrent à se rapprocher de lui, signalant que la personne montrait plus ses émotions. Mario s'était identifié au cheval blanc, il symbolisait à ses yeux la raison. Il se sentait moins attiré par le cheval brun, celui qui le confrontait à ses sentiments. Il se déstabilisait.

Je lui demandais pourquoi il attachait tant d'importance au contrôle. Il avoua qu'il devait vivre avec la peur. L'insécurité, ses relations, le risque lorsqu'il faisait du saut à cheval. Il fallait bien qu'il laisse une bonne impression.

Au moment où il reconnut cela, le cheval brun s'approcha de lui, baissa le cou et se fit très souple, se montrant vulnérable. Il toucha légèrement la jambe droite de Mario, qui représente le côté masculin : contrôle et aptitude à s'imposer...

J'ai demandé à un représentant de jouer le rôle de la raison et du cœur. La « raison » se posta à côté de Mario, le « cœur » se cacha derrière la « raison ». Je lui ai demandé d'entrer en contact avec le cœur. Mario éprouvait encore un certain malaise et se sentait désarçonné, mais il reconnut une amélioration une fois à côté de la raison.

Un autre représentant entra en jeu pour la « peur » de Mario. Lorsqu'il prit les mains de la « raison » et du « cœur », il put faire face à la « peur ». Il reconnut sa peur et l'accepta. Les deux chevaux se tenaient autour de lui, le brun mit Mario en position du poulain, signe de protection, au moment où il s'est senti émotionnellement vulnérable. Après cette intervention, Mario s'est senti plus équilibré, plus libre d'embrasser son cœur.

Une séance simple, qui permit néanmoins de révéler le dilemme de la vie de cet homme au cours d'anciennes relations amoureuses et dans son travail, ce qu'il reconnut plus tard... Une séance qui débloqua son fonctionnement intérieur, reconnectant sa raison à son cœur, son véritable moteur. Plusieurs semaines après cette séance, il me raconta qu'il se sentait mieux face à sa voix intérieure et qu'il prenait plus en compte les aspects émotionnels de sa vie.

Israël

J'avais atterri là par hasard, mais j'y suis restée longtemps, puisque j'apprenais l'hébreu et l'arabe. Parallèlement, je participais à des projets de paix interculturels, découvrait un monde high-tech avancé et nouais de nouveaux contacts. Au cours de mes entretiens et de mes interactions, j'avais l'impression que ce pays avait perdu de sa douceur, ce qui éveillait en moi des sentiments très paradoxaux. L'histoire de ce pays est fascinante, mais d'un point de vue politique et philosophique, sujette à controverse. Un pays qui ne connait, depuis sa création, pas de séparation entre l'état et la religion, un gouvernement et une société qui devient au fil des ans de plus en plus fanatique, nationaliste, religieuse, arborant une bravoure militante et des principes masculins, délaissant malheureusement l'univers des émotions. Lorsque l'on parle d'empathie en politique, une poignée de journalistes israéliens, à l'instar de Gideon Levy et Uri Avneri, critique vertement la situation actuelle de la société, mettant le doigt sur les dangers que cela représente.

Des motifs historico-systémiques ont plongé ce pays dans une position dont il ne peut plus sortir et que l'on ne doit considérer que d'un côté. Cela s'avère en particulier à l'école et dans la formation militaire, dominées par un idéal défini que l'on ne doit surtout pas remettre en question. On peut très bien imaginer que cela peut avoir des répercussions dans le quotidien. Ajoutons à cela la peur du terrorisme et une incitation à une attitude défensive.

La journaliste Edith Lutz voit par exemple la nécessité d'encourager le processus de paix en faisant appel à des médiateurs et des conseillers systémiques[6].

Je suis également d'avis qu'une approche confrontative est la seule option pour lutter contre la peur et les préjugés et pour permettre de prendre ses responsabilités, même au niveau collectif, au niveau de la société !

On voit bien, dans l'histoire, que les victimes et les agresseurs ne sont que les deux côtés d'une seule et même médaille. Le grand défi de l'homme est d'aller au-delà de tout cela, dans le domaine privé mais aussi dans le domaine collectif, pour se soigner soi-même. Ce dépassement et cette guérison ne sont envisageables qu'avec de l'amour et de l'acceptation.

La part féminine de la société, c'est-à-dire l'empathie et la connexion aux autres, y compris aux Palestiniens, semble être sous l'emprise de systèmes patriarcaux. La philosophie de vie est donc liée à une religion dogmatique et des idées nationalistes. Dans la société israélienne, on considère les animaux comme des êtres mineurs, certains sont mêmes impurs, notamment dans le monde arabe et juif orthodoxe. Nombreux sont les juifs et les arabes qui n'envisageraient pas de coaching avec des animaux, convaincus d'être supérieurs aux animaux et que ces derniers ne peuvent rien nous apprendre.

Dans ma vie privée, j'ai rencontré de nombreuses personnes chaleureuses et spontanées qui n'avaient pas de complexe avec le contact corporel. Je découvrais un art de vivre méditerranéen, léger, un peu comme en Italie, mais qui reste régi par l'intérêt national ou la religion. La vie de famille est dictée par des idées traditionalistes. Même

---

[6] « Nicht nur für die Sicherheit Israels: Psychologie statt Kriegsmaschinerie » von Edith Lutz

les chevaux parvenaient à révéler clairement cet aspect. Un environnement où l'amour, l'énergie du cœur et la liberté spirituelle avaient encore du chemin à parcourir. Nous avons néanmoins réussi à trouver quelques personnes plus ouvertes, étonnées par les réactions précises et appropriées des chevaux et des autres animaux ! Les animaux ont certainement un avenir dans ce pays, pour redonner sa place au côté doux et tendre de ce pays.

Un monde entre les mots

Ronit avait envie de tester le coaching. Elle était curieuse de connaitre sa relation avec son mari. Un cheval se tenait près de la fontaine, buvant sans cesse : Ronit raconta qu'avec son mari, ils disaient souvent que tout ce qui est dit doit être clair et explicite. Son mari prétendait que ça n'avait pas de sens d'essayer de lire entre les mots. Elle n'était pas entièrement d'accord avec lui et avait l'impression qu'il ne la prenait pas au sérieux. Il est d'ailleurs intéressant de noter qu'elle n'a jamais évoqué les mots « émotions » et « sentiments » pendant la séance. C'était plutôt un dialogue sur les mots.

Je lui demandais d'observer le cheval, de me dire ce qu'elle voyait : « Il boit de l'eau. Il doit avoir soif, » me dit-elle.

« Et qu'en est-il de toi ? » lui demandais-je. Je lui expliquais que cela pouvait représenter un besoin d'énergie vitale, d'émotions.

« Oui, peut-être. » répondit-elle. Son père était comme son mari. Pas très accessible, il ne parlait jamais de ses sentiments. Le mot « émotion » n'évoquait rien chez elle.

Un représentant pour son père fit son entrée. Ronit avait du mal à le regarder dans les yeux. Le cheval qui n'avait cessé de boire, se tourna vers elle. Une réaction soudaine qui indique généralement un mouvement intérieur authentique. « Tout va bien avec mon père », dit-elle. « Et moi aussi, je vais bien. »

J'ai préféré éviter la confrontation émotionnelle avec son père et le cheval. Je préférai trouver un autre moyen d'accéder à son cœur. « Je veux seulement que ma fille soit heureuse. » Sa fille était la première de la famille qui n'était pas préoccupée par ce que pouvaient dire les autres. Seule sa liberté l'intéressait. Lorsque Ronit commença à parler d'elle, un chien s'est approché d'elle, il avait envie de jouer. « Ça pourrait être ma fille », dit Ronit. « elle aussi, elle a toujours envie de jouer, comme un petit chien. » Elle avait les larmes aux yeux. Le cheval se tenait tranquille, tout près d'elle.

Cette intervention avec sa fille était l'élément le plus important aux yeux de Ronit. Elle voulait que sa fille écoute son cœur, ne se laisse pas influencer par ses parents, que ce soient par trop de mots ou par des règles strictes. Elle souhaitait vraiment une autre vie à sa fille, et une bonne relation amoureuse. Au moment où elle souhaitait à sa fille tout l'amour possible qu'elle n'avait jamais reçu, les deux chevaux se tenaient près d'elle, et elle était émue aux larmes. Les chevaux veulent simplement que nous montrions nos côtés vulnérables : ils reconnaissent tout de suite les masques et nous les enlèvent, pour aller droit au cœur, vers l'essence même de la nature humaine.

Le père absent

L'équicoaching a cela de surprenant que c'est souvent une histoire de hasard, ou plus précisément un concours de circonstances, où le participant, mais aussi le représentant et le cheval sont tous guéris et se guérissent mutuellement. C'est ce que j'aime appeler s'intégrer au « tout ».

Cela faisait déjà longtemps que j'essayais d'inviter une de mes connaissances à une séance de coaching. Elle m'avait souvent dit qu'elle aimerait vraiment assister à une séance d'équicoaching systémique. Nous avons enfin réussi à convenir d'une date. Elle me raconta qu'elle se sentait déprimée, que rien n'allait comme elle le voulait, dans sa vie. Elle aimait bien son travail, mais depuis que son mari l'avait quittée pour retourner en Russie, elle ressentait un grand vide.

Il se trouve qu'un ami israélien était là, prêt à jouer le rôle du représentant. Il sortait d'un divorce difficile, où il venait de perdre tous ses biens et aussi ses enfants dans un litige juridique à la cour rabbinique, où ce sont encore des lois bibliques qui décident si un divorce sera prononcé ou non. Les enfants s'étaient révoltés contre lui et faisaient tout pour lui rendre la vie impossible. « Mes enfants sont morts », répétait-il souvent, ça serait le côté obscur de la société d'Israël. Pas de séparation de la religion et de l'état. Les avocats s'étaient référés aux textes anciens et arguments bibliques pour venir à bout de la partie adverse.

La femme s'est postée dans l'arène, expliquant qu'elle avait besoin de quelque chose dans le dos, pour la soutenir, comme dans sa vie. Le petit cheval s'était posté près d'elle, mais il s'éloigna aussitôt. Les autres aussi se sont éloignés, rejoignant l'abri.

Une distance dans sa vie. Est-ce qu'elle savait de quoi il s'agissait ?

« Oui », répondit-elle. « Personne ne s'est intéressé à moi quand j'étais petite. Je devais simplement tout faire comme il fallait. » Nous nous sommes avancées vers l'abri pour voir les chevaux. Le petit cheval était bloqué par les autres. Il ne pouvait s'échapper. Elle s'est reconnue dans cette situation. Son père l'a toujours ignorée, toujours préoccupé par son travail.

Je lui demandais où elle se voyait dans cette scène. Elle ne le savait pas, mais elle vit tout de suite le petit cheval qui se trouvait loin d'elle.

Elle choisit mon ami comme représentant pour son père. Il n'était pas du tout impliqué et ne savait pas vraiment ce qu'il faisait là… Et il trouvait que toutes ces émotions, cette psychologie, c'était un peu n'importe quoi. …

« C'est exactement ce que mon père aurait dit. »

Elle pouvait enfin le regarder dans les yeux, l'accepter comme il était et lui rendre tout ce qui était négatif. Ses problèmes lui appartenaient à lui, elle n'avait plus besoin de les porter sur ses épaules.

Elle regarda de nouveau le petit cheval et je lui demandais de choisir un représentant pour son cœur. La femme qu'elle choisit pour représenter son cœur se mit immédiatement à pleurer et se posta très loin d'elle.

« C'est ça » dit-elle toute chamboulée. « J'ai laissé tomber mon propre cœur ! » Elle s'avança vers lui pour rétablir le contact. Au même instant, le cheval s'est posté entre les deux, faisant un mouvement d'une main à l'autre, pour représenter la connexion.

La femme qui représentait le cœur me dit qu'elle se sentait soulagée. Elle avait toujours eu peur de perdre le contrôle dans sa vie, et c'est exactement ce qui venait de se passer. Elle avait perdu le contrôle et avait même fondu en larmes. Et pourtant, elle ne se sentait pas mal, elle se sentait même mieux.

L'homme qui représentait son père réagit de manière évasive à ma question. Il avoua cependant avoir été ému par la confrontation avec une « fille ». Fait remarquable, la « fille » se rappelait de son père exactement comme l'homme l'avait représenté : distant, accro au travail, distrait.

Les êtres humains sont comme ils sont, et les chevaux travaillent sans juger. Les choses sont comme elles sont, et c'est très bien ainsi. Cette acceptabilité, cet amour inconditionnel donne à l'être humain, la personne coachée, la liberté de poursuivre son développement.

On constate dans la pratique que ces séances de coaching ont un effet qui dure au-delà de la séance. Les participants changent, apparemment de manière inconsciente, quelque chose dans leur univers émotionnel, dans leur mode de comportement, dans leur système – l'effet est donc véritablement durable. On ne sait pas encore expliquer tout cela clairement, mais de nombreuses personnes parlent d'une sorte de soulagement, de nouvelles idées, de souvenirs, d'inspirations qui ont changé leur vie. Quel signe merveilleux, si la raison est connectée à l'univers inconscient des émotions.

À quel point sommes-nous connectés ?

Mes expériences avec l'équicoaching systémique dans les différents pays, avec les différentes cultures, ont révélé des tendances propres à chaque pays, des comportements typiques d'une culture, mais aussi un langage exceptionnel et universel des chevaux et de la nature, capables de redonner sa place, n'importe où et à chaque personne ou chaque créature, et de les relier par une énergie du cœur sans aucun jugement.

Les lois systémiques comptent trois points fondamentaux : chaque être humain fait partie d'un système, sa famille, son environnement, la vie professionnelle, dans lequel il joue un rôle défini et a sa propre place. Chaque système, la famille, par exemple, a son propre ordre avec ses propres lois : l'aîné passe avant le plus jeune, celui qui a le plus d'ancienneté dans l'entreprise est prioritaire par rapport aux autres collaborateurs.

Qu'il s'agisse de la famille ou de l'entreprise, ces systèmes sont régis par un équilibre entre donner et prendre. Si l'un donne plus qu'un autre, l'équilibre est déstabilisé, et il est impossible de reprendre sa place dans la vie pour vivre sa force authentique.

Ainsi, on récupère inconsciemment les charges d'une autre personne, on les intègre dans sa vie, sans réaliser qu'elles nous bloquent totalement dans nos décisions et nos activités. C'est une charge qui n'est pas la nôtre, mais que l'on considère pourtant comme telle. Cela peut être aveuglant pour de nombreuses personnes, en particulier dans les relations. On projette les fausses interprétations ou les convictions et les douleurs de l'autre sur l'autre personne.

Ce phénomène peut durer sur des générations, puisque l'on transmet inconsciemment une douleur sans jamais l'analyser et sans la rendre à l'être humain du système. Chaque être humain devrait prendre la responsabilité de sa douleur personnelle, en regardant la douleur dans les yeux, la ressentant et lui donnant sa place. Cette place, ce sont souvent les parents, les frères et sœurs ou les grands-parents.

Les enfants absorbent les signaux de leur environnement comme des éponges. Ils les travaillent inconsciemment. Ces signaux conduisent à des modèles définis et ne contribuent généralement pas au bonheur de la personne, surtout lorsqu'ils se répercutent sans cesse dans la vie professionnelle et dans la relation. Ces modèles empêchent la personne de vivre son potentiel et de prendre sa place comme personne intégrale et authentique, avec ses parts de lumière et d'ombre.

Il est intéressant de constater à quel point nous sommes reliés les uns aux autres, et comment chaque personne qui n'est pas équilibrée peut influencer les autres. Un groupe de personnes, comme une famille, par exemple, vit sans avoir conscience de ces tâches. Remplacer les fausses interprétations par des idées et des émotions positives peut influencer un environnement encore plus grand.

C'est la même chose pour les chevaux : chaque cheval doit prendre sa propre place et accéder à ses véritables compétences, autrement, les autres membres du groupe, la communauté, devront compenser. C'est pour cela qu'il est indispensable pour la société de briser les anciens modèles, les pensées et les idées inconscientes qui créent des blocages.

Raison de plus pour prendre sérieusement en compte l'équilibre intérieur et émotionnel de l'être humain dans la formation, le système scolaire et la société. Le développement des capacités émotionnelles et empathiques est essentiel, dès l'école, en politique, dans l'entreprise durable, et même, pour réduire les dépenses dans le domaine de la santé et du social !

Je dirais donc « privilégier les relations privées plutôt que les relations publiques » ! Une communication efficace plutôt que des slogans ! Équilibre des compétences sociales entre affirmation de soi et empathie, entraîner les jeux de rôles - « marcher dans les pas de l'autre », et s'identifier ainsi à l'autre dans différentes situations. Écoute active plutôt que mentalité de premier de la classe ! Développement de la personnalité, où la raison et l'intuition sont connectées aux émotions, et où chaque enfant, chaque citoyen a la conviction que ses capacités authentiques sont une plus-value recherchée dans la société.

Qu'est-ce que le sentiment d'une « sagesse intérieure » ?

Nous avons évoqué souvent ici les termes « émotion », « intuition ». Ces derniers pourraient déclencher une question : Toutes les émotions sont-elles vraiment si bonnes et constructives ? Qu'en est-il des sentiments de haine, la colère et l'amertume ?

Commençons par préciser une chose : les émotions sont avant tout subjectives. Elles font partie de la vie, de l'être humain et déterminent ses réactions qui peuvent par conséquent être très primaires et très agressives.

Mais comme le montre le monde des chevaux, ici comme dans de nombreuses séances d'équicoaching, les réactions et les émotions sont toujours le résultat d'une série d'événements et de développements qui se sont produits dans l'enfance, un produit de différentes situations et êtres humains dans la vie, mais souvent, le sentiment de colère et d'amertume cache toute la douleur d'être quitté par d'autres. Que ce soit prouvé ou non, il ne faut pas mettre l'émotion de côté, il faut l'analyser et découvrir les motifs qu'elle cache.

L'être humain porte en lui une dualité qui fait que nous jugeons une situation ou des émotions comme bonnes ou mauvaises, et cela nous empêche de vivre véritablement de nombreuses situations et émotions. On n'ose pas les regarder en face. Le développement passe souvent par l'intérieur, dans notre propre conscience, tout au fond, dans les sombres abîmes de nos peurs, de l'urgence et du deuil !

Les sentiments tels que l'amertume et la haine sont souvent issus d'autres ressentis. Ils naissent de l'impression de ne pas être accepté, de ne pas être aimé. L'art consiste à accepter une émotion dans une situation, de l'embrasser, même, pour ensuite pouvoir la relâcher, avec un amour inconditionnel et sans aucune forme de jugement.

Mais au lieu de cela, nous reléguons certains sentiments au second plan, les considérant comme « absurdes », tentant de les rationaliser, ou de les décrire, par exemple, par fierté, comme un amour « figé ». Ou du moins, on ne les « re- »connait pas, on ne les exprime pas. Ajoutons à cela le fait que l'être humain a du mal à vivre au présent avec la raison et les émotions. « Quand j'aurai mon diplôme, ça ira mieux… », « Quand je serai en couple, je serai vraiment heureux/heureuse », etc.

Lorsque l'on se retrouve avec des amis, on n'est pas vraiment dans l'instant présent, on pense à tout ce qui nous reste à faire dans les jours qui viennent : la lessive, repeindre les murs de la salle à manger, la déclaration d'impôts, etc. Vous vous reconnaissez dans ces pensées, dans ce sentiment de frustration qui naît de toute cette cogitation ?

Eckhart Tolle, maître spirituel et auteur, écrit dans son livre « Die Kraft der Gegenwart » (« Le pouvoir du monde présent ») que l'intuition corporelle est, bien plus que l'égo, le véritable « être » dans le corps et que la capacité à ressentir le moment nous permettrait d'exploiter plus de potentiel caché, voire à guérir tout le corps.

En revanche, un cheval vit entièrement dans le moment présent. Il réagit toujours au moment où la personne coachée fait un mouvement intérieur, reconnait sa situation dans le présent et ses émotions, les regarde en face et avoue qu'elle se sent triste, abandonnée et désespérée. C'est à cet instant magique, où l'être humain se dévoile dans sa vulnérabilité tenant à pleines mains sa véritable force que le cheval s'approche de la personne pour établir un contact visible.

Un monde fragmenté recherche un « complément »

Les différentes séances dans les différents pays consistaient à redonner aux personnes un équilibre en éliminant des blocages et des inhibitions inconscientes, en faisant appel au système. Il s'agit souvent du système familial dans lequel il faut soigner ou compléter quelque chose.

Les blessures empêchent souvent une relation de fonctionner correctement, parce que l'être humain cherche de manière intuitive et souvent inconsciente à cacher ou compenser ces blessures, les souvenirs et les douleurs. Cette guérison et l'ouverture à de nouveaux potentiels et de nouvelles options ne peuvent réussir que si nous faisons appel non seulement à la raison, mais aussi au monde inconscient des émotions et à l'intuition, dans laquelle nous stockons inconsciemment les fausses interprétations. Une guérison complète nécessite cette introspection, parfois difficile et douloureuse, vers ses propres ténèbres, pour ressentir pleinement des douleurs anciennes et les accepter.

Pierre, ingénieur en construction, a toujours beaucoup voyagé. « Choisis-moi un bon cheval », me dit-il. Il n'avait pas compris que l'équicoaching n'avait rien à voir avec un bon cheval de selle.

Il se tenait au milieu de la carrière et regardait Tanka, le cheval qui lui avait tout de suite tourné le dos. Il s'avança vers le bord de la carrière, comme s'il voulait sortir, regardant au loin.

Est-ce que Pierre avait envie de partir loin ? Était-il à la bonne place dans sa vie ?

Il avoua qu'il ne se sentait pas bien, là où il habitait actuellement. Il aimerait mieux habiter à la campagne. Mais sa compagne ne partageait pas son enthousiasme. Cet homme semblait tout d'un coup être un autre homme. Il se mit à raconter les disputes avec sa compagne. Tanka se rapprocha et commença à mordiller le pull de Pierre. Cela exprime souvent le désir de s'occuper ou de se soucier de...

« Oui », répondit-il. « Eh bien voilà déjà un sujet dans la relation ». Elle lui reprocherait de ne pas assez se soucier d'elle. Ni de lui.

J'ai demandé à l'homme de choisir un représentant pour sa compagne. La femme s'est intuitivement postée loin du mari.

Je demandais à Pierre de regarder sa compagne, mais il n'arrivait pas à se concentrer sur elle. Il finit par avouer qu'il se sentait comme un étranger vis-à-vis d'elle.

Il avait déjà du mal à entrer en contact avec lui-même, visiblement, il n'avait qu'une envie, partir – voire même s'éloigner de lui-même ?

Il s'identifia à Tanka, et je lui demandais donc d'essayer de reprendre contact avec lui et de sentir sa peau, sa chaleur. Cela lui permettrait de se retrouver. Il en avait les larmes aux yeux. Le moindre mot aurait alors pu être de trop.

Je l'invitais doucement à se retourner vers sa compagne, pour qu'il la regarde et puisse ressentir les sentiments qu'il avait pour elle.

Il gardait ses distances.

« Elle est encore très loin », dit-il, mais il trouvait que c'était bien ainsi.

Pour laisser entrer quelqu'un dans son cœur, il faut déjà avoir fait une introspection et s'être accepté - et cette route est longue. On venait de faire un premier pas au niveau des sentiments.

Au cours de mon expérience professionnelle, de nombreux projets thérapeutiques et projets de coaching n'ont abouti qu'en partie, car les discussions n'allaient pas assez à l'essentiel. On teste, on parle, on essaie la « pleine conscience », mais comme le nom le suggère, on reste au niveau de la raison. Il est donc quasi impossible d'analyser des sentiments plus profonds, au niveau du subconscient, de les ressentir, de les revivre et donc de les corriger– au niveau des sensations physiques, « felt sense », comme on dit si bien en anglais.

C'est le même problème dans la société. Il faudrait reconnaitre, aborder et équilibrer les sentiments au niveau collectif. Ces sentiments, le comportement inconscient du collectif, sont le résultat de tous les êtres humains avec leurs systèmes (familiaux) et leurs histoires. En présence de grosses frustrations qui reflètent l'image de la société, on verra se développer une politique qui ne regarde pas ces frustrations en face. On utilise la peur de la majorité du peuple pour diviser la société et gagner en pouvoir. La peur est transformée en agression. Là aussi, il est important de ne pas la reléguer au second plan, mais de prendre en compte le côté lumineux et le côté obscur et de faire la part des choses.

On retrouve ces phénomènes aujourd'hui, notamment en politique c'est ce qu'on appelle le populisme. Mus par la peur, ces courants s'accrochent désespérément aux valeurs nationales ou à certains groupes en particulier, et s'avèrent parfois être eux-mêmes des entités agressives.

C'est le même processus lorsqu'une personne dont la fierté ou l'estime a été blessée se transforme en un être dur, voire agressif et dénué de toute empathie. C'est fascinant de voir les parallèles que l'on peut établir entre la politique et la société. Point de victime sans agresseur – on peut constater que ces rôles s'alternent dans l'histoire. C'est notamment le cas lorsque l'on ignore les sentiments blessés au niveau du collectif, ou les groupes. Ils n'en finissent pas de grandir et deviennent de plus en plus incontrôlables.

Une routine intellectuelle et des agissements s'insinuent sans que personne ne s'en aperçoive ! Les politiciens finissent clairement par perdre le fil des besoins de la population et ne font que débiter leur propres programmes. Lors des réunions, ils ne parlent qu'entre eux, et l'on se demande souvent si ces personnes ne s'intéressent qu'à leur programme ou s'ils sont attachés à des idéaux qui devraient simplifier la vie de ceux qui ont voté pour elles.

Si les politiciens ne prennent pas au sérieux les frustrations de la société et ne jugent pas nécessaire d'établir le dialogue avec cette dernière, alors que les comités le permettraient, et le citoyen pourrait y intervenir, les partis populistes auront tôt fait de gagner des voix à force de récupération.

C'est pour cela que je suis convaincue qu'il est indispensable de mettre en place une forme de médiation entre le peuple et la politique. La médiation permet en effet de ralentir le processus, de prendre les sentiments et les frustrations au sérieux et de partir des points de vue pour rechercher les motivations et établir un consensus pour tous, qui pourrait servir de base aux politiciens.

Venons-en à un sujet épineux : la religion. Un sujet qui revient jouer un grand rôle dans la société actuelle. Quelle religion est la bonne ? Un peu comme si l'on pouvait dire : quel est le peuple élu ? Ou bien : qui a le monopole de la vérité ? N'insinue-t-on pas par là une discrimination positive ?

Mon séjour en Israël m'a permis d'étudier les religions monothéistes de plus près, de me pencher sur leurs différences et les sagesses universelles.

En fait, je cherchais les sagesses qui unissaient les peuples et les narrations historiques. Un élément qui trouverait un écho en chacun et qui donnerait un sentiment positif d'acceptation et de connexion. Les religions présentent de nombreux points communs et l'on retrouve effectivement des sagesses générales pour l'être humain dans chaque religion :

Dans le judaïsme, dans le Talmud, dans l'éthique des pères, un concentré de perles de la sagesse, on peut lire :

« Al tadin et chavercha ad shetagiah lemekomo », « Ne juge pas ton prochain avant d'avoir été à sa place. » (Pirkei Avot 2,6)

« Le monde repose sur trois choses : la vérité, la justice et la paix. » (Pirkei Avot 1,18)

Dans le Coran, on peut lire : « O hommes ! Nous vous avons créés d'un mâle et d'une femelle, et Nous avons fait de vous des nations et des tribus, pour que vous vous entre-connaissiez. Le plus noble d'entre vous, auprès d'Allah, est le plus pieux. » (tiré du Coran : 49, 13). Si les êtres humains sont différents, c'est pour qu'ils fassent connaissance et se soutiennent entre eux. Et non pas pour qu'ils s'ignorent et se disputent. Le Coran pose ainsi un pilier de la vie sociale. Les différences entre les peuples sont naturelles. Elles ne doivent pas être un obstacle mais un motif de rapprochement. La règle de piété doit souligner le sens de la tolérance mutuelle.

La Bible évoque, quant à elle, l'amour du prochain et l'amour de soi : tu aimeras ton prochain comme toi-même. (la Bible, 1er Livre de Moïse = Lévitique 19/17-18).

Comme la Bible le suggère, il est conseillé, voire nécessaire, de s'aimer soi-même dans une mesure raisonnable. En effet, l'amour, c'est l'estime de soi, c'est prendre soin de soi et avoir conscience de sa propre valeur (Mathieu 10 :31). La Bible ne glorifie pas l'égoïsme, mais elle donne à l'amour de soi la place qui lui revient. Si l'on ne s'aime pas soi-même, on ne peut pas aimer raisonnablement son prochain.

Ces affirmations ne sont-elles pas toutes d'actualité ? Les hommes se sont entretués pendant des siècles au nom de la religion. Il semblerait que chaque religion était une sorte de club, desquels les autres groupes étaient exclus au nom de dogmes patriarcaux.

Le pouvoir d'une certaine élite et les dogmes religieux ont toujours été acceptés par la masse, soit par peur, soit par ignorance. C'est malheureusement une manière de penser encore largement répandue.

Les hommes ont souvent eu l'impression de ne pas être maîtres de leur propre raison, de leurs sentiments ou de leur vie. Pas besoin de réfléchir ou de construire une vie ou des relations. Le Dieu tout puissant ou les institutions religieuses sont là pour ça.

Je suis d'avis que nous devrions nous consacrer aujourd'hui à une forme de spiritualité ou une philosophie de vie plus universelle : une spiritualité qui unit, basée sur l'amour et l'acceptation, dans laquelle l'être humain serait le façonneur responsable de la société et de sa vie, et, par conséquent, où l'énergie de l'amour serait « l'étincelle divine ». La confiance que l'on accorde à « Dieu », on pourrait l'accorder au bien dans tout être humain. Elle viendrait de l'intérieur et ne serait pas une contrainte. De nombreuses réponses aux questions et aux problèmes se trouvent en nous, et non pas à l'extérieur. Dans la nature aussi, le développement se fait de l'intérieur vers l'extérieur : l'oiseau sort de l'œuf, l'enfant sort de la mère.

C'est ce monde de sentiments, la sensation corporelle et l'énergie de l'amour que chacun peut découvrir, à sa manière, dans l'art, dans la musique et dans le pouvoir thérapeutique du cheval, afin d'accéder à une plus grande tolérance dans la société internationale !

Médiation : résoudre les conflits au moyen de l'empathie et de la logique

Qui ne connait pas de conflits ? Au travail, dans la famille, entre voisins, ils se terminent parfois même au tribunal. Des avocats représentent les intérêts d'une partie, traquant les défauts et les erreurs pour anéantir la partie adverse.

A la fin, l'une des parties aura certes gagné, recevra une somme non négligeable, mais au bout du compte, on se rend compte que les deux parties se sentent perdantes. De telles procédures juridiques coûtent énormément d'argent, de temps, d'énergie négative et peuvent coûter la relation et le contact humain avec l'autre partie.

Un tel procès a pour objectif de créer une dualité, pour qu'une des parties puisse gagner, à renfort de clauses et de lois auxquelles on se réfère parfois de manière abusive pour faire gagner sa partie.

Mais attention, dans certains cas, un avocat ou le système juridique sont nécessaires pour résoudre un problème, mais dans de nombreux cas, ils produisent un court-circuit en matière de communication ou de contact humain. On ne voit plus que les différents points de vue, oubliant d'analyser les motivations des deux parties et de s'écouter mutuellement.

Dans ce cas, la médiation s'avère être une bonne solution, car il ne s'agit pas d'un processus juridique, mais d'un processus de communication, où l'on ralentit le processus au début du conflit, mettant à plat les sentiments et les motivations des deux parties, pour essayer de comprendre et de relancer la communication et la créativité. On peut alors trouver des motivations communes qui serviront de base pour le travail en aval.

Cette méthode requiert cependant un tout autre état d'esprit (« mindset») de la part du médiateur par rapport à l'avocat. Pour obtenir un accord, un compromis entre deux personnes, l'avocat va surtout voir ce qu'une des parties peut gagner et non pas les bénéfices que les deux parties peuvent en tirer. On recherche surtout les erreurs et les défauts de la partie adverse.

Certains avocats ont cependant appris de bonnes techniques de médiation. Mais il est quasi impossible, dans un processus juridique, qui reste diviseur, d'imposer soudainement un état d'esprit fédérateur. À ce moment du processus, l'avocat paraitrait contestable.

Un médiateur se doit d'être neutre dès le début et doit voir le facteur fédérateur de la synergie comme un idéal, comme l'objectif.

Cela peut s'avérer être un défi considérable, car dans un conflit, des « blind spots » personnels, des modèles systémiques viennent toujours s'incruster, et la personne devra travailler dessus, elle-même ou bien dans le cadre d'un coaching systémique, car les problèmes ressurgiront sans cesse dans différents conflits.

En général, un processus de médiation reste efficace lorsque les parties ont la possibilité de s'exprimer, de résoudre les malentendus et d'améliorer les relations, par le biais de techniques spéciales.

Ajoutons à cela que le contrat de médiation a force juridique, à condition d'avoir le consentement des deux parties. Il représente donc une excellente base constructive !

Mes expériences en tant qu'interprète lors de procès devant les tribunaux ont souvent été sources de stress. J'appréciais certes les voyages d'une langue à une autre, d'une culture à l'autre. Mais j'appréciais encore plus d'être un facteur de fédération.

La procédure juridique me submergeait cependant d'émotions négatives, comme si l'élément humain fédérateur était de plus mis de côté, au fil du temps. La communication ne se faisait pas dans l'empathie et la compassion, mais avec des faits, des phrases et des ordres secs.

L'avocat s'efforçait de se mettre en scène, pulvérisant les intérêts de l'autre partie.

Il est même arrivé au juge de hurler sur l'une des parties ! Cela prouve sans doute que le système juridique est dépassé et que les juges souffrent d'épuisement professionnel. Tous les éléments étaient là pour empêcher l'équilibre et la justice dans leur ensemble.

J'avais de plus en plus le sentiment que ces séances au tribunal étaient d'un autre temps. Une époque où l'être humain devrait prendre ses responsabilités, pour créer une société intéressée par le dialogue, une véritable démocratie, avec des solutions durables. Avec des offres d'éducation pour tous, où le développement personnel serait la principale priorité, pour permettre à chacun de développer son propre sentiment éthique et son empathie pour lui-même et pour les autres. Lorsque l'on construit une société, nous ne devons jamais oublier que nous sommes tous liés entre nous. Le bien-être d'une personne dépend directement des autres personnes et des groupes, encore plus dans cette société globale !

Médiation ou diplomatie publique dans la société et la politique

« Encore des profs absents à l'école, il va falloir que l'un de nous reste à la maison, pour au moins vérifier les devoirs de Christian », dit Stephan à sa femme. Il était énervé. Il la prend dans les bras. Depuis la séance de coaching systémique, ils avaient appris à mieux communiquer entre eux, à rester en connexion l'un avec l'autre. Même si l'on doit passer par des moments désagréables, il faut toujours se donner la possibilité de s'accorder l'un à l'autre plus d'attention et d'amour.

« Ah, ce prof de physique dont Christian nous parle tout le temps », sourit Sabine. « Il fait régulièrement des dépressions. Il faut dire que c'est stressant, les cours. Les profs sont souvent dépassés. Les cours de physique ont souvent sauté. De toutes façons, je trouve l'organisation de l'école assez chaotique. On dirait qu'il n'y a jamais d'argent là où il en faudrait. Christian se plaint aussi souvent que les cours sont ennuyeux et qu'ils n'ont pas d'application pratique. »

En politique non plus, on ne parle pas vraiment d'améliorations et d'augmentation du budget pour les formations. Quand on a besoin de renfort dans l'équipe, on est souvent déçu face au manque de savoir et de créativité des étudiants. Ne parlons même pas des connaissances linguistiques médiocres.

Est-ce seulement une question de bénéfices et de pertes ?

Est-ce un manque de visions, ou bien est-ce lié aux idées néolibérales, où l'on pense qu'il faut réduire les dépenses ?

Dans la société, on considère la formation comme un modèle de coûts et non pas comme un modèle de bénéfices, où l'on case tout ce que l'on peut dedans sans trop d'effort. Ce n'est pourtant bien évidemment pas le cas. Dans l'idéal, les parents devraient organiser eux-mêmes les écoles privées.

Mais on oublie alors que l'investissement dans les dépenses publiques, comme par exemple dans des cours de qualité et dans la promotion de la culture, est aussi payant lorsque l'on a un personnel correctement formé. Cela a des répercussions positives sur la société et permet de réduire le nombre de problèmes sociaux.

La culture et la science forment une société, développent la créativité et les nouvelles idées. À l'heure actuelle, ce n'est malheureusement pas vraiment le cas dans plusieurs pays européens. Les employés dans le monde de l'art et de la culture craignent pour leur poste, alors que c'est un secteur très important dans la société, pour le développement de compétences empathiques et de la créativité.[7]

Max se demandait comment il pourrait revenir dans le monde de la musique en tant que chef d'orchestre. Les temps sont durs dans le domaine artistique.

Il parlait de sa carrière et des nombreux défis qui avaient fini par le faire partir, l'obligeant à chercher une nouvelle voie. Il parlait et expliquait beaucoup de choses. Je lui ai donc demandé de profiter de cette séance pour retrouver son calme, lui disant qu'on avancerait plus tard.

J'ai réalisé qu'il était très important qu'il vive ce processus avec les sentiments correspondants et avec ses propres yeux.

Juan, notre joyeux cheval lusitanien, se tenait immobile, désintéressé, au bord de la carrière, mordillant l'herbe. Olaf, le frison, un cheval plus costaud, se tenait à côté de Max, au début, mais il s'est éloigné au fil de l'entretien, broutant sans interruption l'herbe. Cette

---

[7]www.deutschlandfunk.de/ausgaben-in-der-kultur-sind-investitionen.691.de.html?dram:article_id=55499

attitude symbolise la nourriture, y compris la nourriture mentale, et le fait de se rendre utile. Je demandais à Max s'il reconnaissait la situation. Est-ce que l'ingestion de nourriture mentale lui parlait ? Il avoua qu'il avait toujours voulu se développer encore plus, développer des projets pour la gestion, mais que la musique lui manquait vraiment, même si elle ne lui permettait pas de gagner sa vie pour le moment.

Olaf continuait de brouter pendant que Max évoquait ce manque d'argent et son manque de chance dans la musique, raison pour laquelle il devait chercher un autre travail.

Il voulait trouver de nouvelles opportunités, nouer de nouveaux contacts et mettre de côté un capital de départ pour créer un nouvel orchestre. Olaf ne changea pas d'attitude, il continuait à brouter gaiement, comme si quelque chose l'y obligeait. Il ne montrait aucun signe d'ouverture ou de nouvelles opportunités. Le dialogue restait au niveau de la raison.

Il était clair que cet entretien ne pouvait pas déboucher sur des solutions, sur le principal sujet ou sur de nouvelles perspectives, pas de cette manière. Je lui demandais alors quel était son plus gros blocage. Il me répondit : « La peur que les choses ne tournent pas bien. » Il semblait alors se diriger au niveau des sentiments. Sa posture paraissait plus détendue. Il y avait plus de silences.

Je lui demandais alors de choisir un objet pour représenter sa peur, de le poser quelque part et de se concentrer dessus. Il ressentait l'énergie de cette peur et devint un peu plus nerveux.

Pour rétablir l'équilibre, je lui demandais de poser dans cet objet quelque chose qui avait une influence positive sur lui. Il me montra son cœur, son inspiration. Et à ce moment-là, alors qu'il tenait le cône, il se sentit mieux.

Au même moment, Olaf s'est tourné pour s'avancer vers Max et établir un contact avec ses mains. Normalement, c'est un signe indiquant une mise en mouvement pour faire quelque chose. Est-ce que Max exploitait entièrement son inspiration ?

Il ne le savait pas.

Olaf s'est alors retourné, présentant sa croupe à Max. Le cheval laissait pendre son appareil génital, se postant devant le « cône de la peur ».

La croupe représente normalement les chakras inférieurs. Ceux d'un être humain ou d'un animal. Combiné à un sexe grandissant, cela représente le chakra sacré. Le chakra sacré est en lien avec la sexualité, la créativité et la recherche de contact de l'être humain.

Dans la philosophie indienne, mais aussi dans d'autres cultures, le chakra est l'un des sept centres d'énergie de la force spirituelle dans le corps humain. Ces flux d'énergie pénètrent le corps physique, le reliant au corps subtil de l'être humain, le corps astral.

Je demandais à Max si ces sujets le concernaient dans sa vie, si ces thèmes étaient pour lui des sujets d'inquiétude.

Il réagit avec une certaine gêne. Un contact plus profond avec d'autres personnes, ça lui parlait. « Peut-être », dit-il, mais il ne pouvait pas vraiment en dire plus. Le silence nous faisait du bien, à Max et à moi-même. Il lui permettait apparemment de se détendre.

Spontanément, c'est la question de ses parents et de sa relation à eux qui a surgi. Max avait rompu le contact avec sa mère, à cause d'une dispute.

Une telle rupture avec un de ses parents ou avec une personne de confiance dans la vie a malheureusement souvent des conséquences plus dramatiques et peut avoir des répercussions sur les contacts que l'on noue ultérieurement.

Au moment où il évoqua sa mère et où il choisit quelqu'un pour la représenter dans la carrière, Juan s'est tourné alors qu'il était déjà depuis un bon bout de temps au bord de la carrière. Il s'est approché pour se poster à côté de Max et de sa mère.

Juan poussa la tête de Max vers le bas, comme s'il était de nouveau un petit garçon, puis il s'appuya contre son corps, comme pour transmettre à Max l'énergie de son cœur.

Max se tenait là, ému par tant d'amour et par ce message qui en disait long.

Même si c'était une épreuve pour lui, il regarda sa mère, et lui dit que la rupture du contact le faisait terriblement souffrir.

Elle lui dit qu'elle l'aimait, mais qu'elle avait aussi des problèmes qui la dérangeaient et que c'était pour cela qu'elle ne pouvait pas s'exprimer correctement.

Max et sa mère fondirent en larmes.

Je demandais à Max s'il pouvait voir sa mère et l'accepter comme elle était, et s'il pouvait lui rendre le fardeau inutile. Ce fardeau n'était pas celui de Max, il renfermait les frustrations et les inhibitions de sa mère.

Max symbolisa le geste en prenant un caillou, ressentant le fardeau, avant de le lui rendre.

« Je voudrais vivre ma vie librement », dit-il.

Au cours de cette intervention, il s'est passé quelque chose qui ne s'était pas encore passé et qui ne se passera peut-être jamais dans la réalité. Cela a pourtant changé l'énergie et les intentions, et peut-être même les sentiments, des sentiments inconscients de la personne coachée. Il fallait dire ces mots, car ils portaient une intention que l'on pouvait alors intégrer. Dans de nombreux cas, on peut effectivement constater un changement dans les schémas et les convictions, et, par conséquent, dans les contacts qui suivent et dans l'ouverture aux contacts.

Sans cette peur nommée au début, sans le manque de confiance, qui trouve son origine en grande partie dans la relation à sa mère, Max pourra se consacrer plus facilement aux nouveaux défis à relever dans la musique.

Plusieurs mois plus tard, il confirma en effet qu'il avait le contact plus facile. Il avait eu de nouvelles opportunités, notamment dans le domaine de la musique, où l'on rencontre énormément de personnes empathiques, et il avait désormais trouvé sa place. Les nouveaux projets ont fini par affluer !

C'est justement cette conscience, changeante, plus profonde et plus grande qui sera précieuse pour l'être humain de demain.

Nous vivons une époque pleine de changements et de grands développements, où les anciens systèmes ne tiennent plus debout. Les anciennes structures et les anciens systèmes de pensée sont de plus en plus souvent remis en question.

Nous vivons dans une époque où l'argent et le pouvoir, ainsi que de vieilles valeurs patriarcales restent dominants dans la société et la politique. Il suffit d'observer le monde pour voir évoluer la politique, nationale et internationale, pour avoir l'impression que le citoyen a perdu le contrôle du système. Les êtres humains ne sont plus informés ou ressentent une forme de frustration lors des élections, puisqu'ils pensent que de toutes façons ce sont les grandes organisations et les coalitions des politiciens qui prennent les décisions. Certains citoyens ne vont même plus aux urnes, ils organisent éventuellement des mouvements populaires, sans pour autant avoir de revendications précises.

Quel est actuellement le véritable pouvoir du citoyen ? Où est l'idéalisme des hommes politiques ? Avons-nous tous oublié que l'état et les politiciens devraient être au service du citoyen ? Où sont passées les valeurs matriarcales et empathiques de la société ? Il est évident qu'un fossé s'est creusé entre la société et les politiciens. Que pourrions-nous faire pour changer cette situation ? La médiation et la résolution de conflits – voilà la solution de demain !

De nombreux politiciens veulent toujours avoir raison et imposer leur point de vue. Voilà une façon de faire à la dure, dépourvue d'empathie, que l'on retrouve également devant les tribunaux. Elle engendre cependant une situation où même le vainqueur du procès éprouve un malaise. Les aspects sociologiques, ceux relevant des techniques de communication et les aspects psychologiques sont autant d'éléments laissés de côté.

En outre, il est intéressant d'observer de quelle manière les responsables en politique considèrent que leur tâche consiste à convaincre le citoyen de leur point de vue. Malheureusement, la démocratie, c'est exactement le contraire ! Le principe de la démocratie est bien de trouver ensemble des solutions, tout en prenant en compte les besoins des êtres humains et le bien commun.

Dans un conflit, la question essentielle est : Qu'est-ce qui me fait avoir ce point de vue ? Quel est le véritable besoin derrière tout cela ? De nombreux êtres humains remarqueront alors qu'il existe, malgré les différents points de vue, un « common ground », un terrain d'entente, au niveau des besoins. Dans une démocratie, les politiciens ont pour tâche de reporter les besoins dans la politique pour s'en servir afin élaborer des solutions constructives.

La médiation, la société civile et l'empathie pourraient permettre de faire revenir la société vers l'essence véritable de la démocratie. La médiation est un processus mais aussi une trousse à outils contenant différents instruments de communication et de négociation.

Dans le passé, la participation citoyenne était une réalité sujette à discussion. Par la suite, on a simplement fait ce qu'une poignée de personnes jugeaient correct. S'en suit alors une résignation croissante des êtres humains, puis un manque total de confiance.

La médiation ou les instruments civils pourraient permettre d'améliorer la situation du citoyen. Ils permettraient d'instaurer un cadre dans lequel toutes les questions importantes relatives à la société et tous les problèmes politiques seraient mis sur la table, tout en préservant la notion d'estime. Bien entendu, il faudrait aborder ce sujet dès l'école et dans toutes les formations. Le citoyen doit être émancipé et informé !

Ce serait formidable, si les assemblées et les comités étaient publics : finies les séances non publiques, il n'y aurait plus que ces séances publiques de comités de citoyens. Au début, peut-être que seule une poignée de citoyens répondraient présents, mais dès lors que l'être humain sentirait qu'il y a une véritable possibilité de s'investir, pour participer à la structure de la communauté, et dès lors qu'il saurait qu'il est pris au sérieux, la salle de séance serait vite pleine et il serait possible de rétablir la confiance !

Une autre question essentielle reviendrait sans cesse : « Qu'est-ce qui compte pour le citoyen ? » L'homme politique commencerait par écouter avant d'être autorisé à accompagner tout le processus. La conscience de l'être humain finirait pas croître, à l'instar des défis de la société. Au cours de ce processus, la médiation permettrait d'ouvrir de nouvelles voies vers plus de justice dans la société !

Manque d'empathie – évolution dans l'éducation : « C'est une véritable avalanche qui va nous tomber dessus. »

Il fait très beau, j'en profite bien sûr pour faire une promenade avec mon cheval Olaf dans le massif de La Clape. Soudain, un cycliste frôle mon cheval à très grande vitesse. Ce dernier s'effraie, fait un bond incontrôlé sur le côté alors que le cycliste poursuit sa course, sans aucune forme d'émotion.

Ce genre de scènes se produit souvent, aussi bien avec des adultes qu'avec des enfants : ça pourrait être un enfant qui jette intentionnellement une balle sans se soucier de la réaction de l'animal, mais aussi d'autres phénomènes révélant un manque d'empathie (par ex. le harcèlement à l'école) : voici des situations dans lesquelles les enfants expriment leurs frustrations. Personne ne leur a appris à réfléchir aux sentiments des autres, à se mettre à leur place. Ils reproduiront ce comportement toute leur vie, y compris dans leur vie professionnelle.

Il y a toujours des conflits entre les enfants. Mais combien sont-ils à avoir appris à gérer un conflit ou un malentendu et à le résoudre pour améliorer la relation ?

Autre question importante : Combien de matières se penchent sur la formation de la personnalité à l'école ? Je parle de matières où l'on découvre lentement, au niveau de la raison, mais aussi des émotions, qui l'on est, ses talents et ses faiblesses, sans les considérer comme absolus mais comme des compétences qui peuvent évoluer. Où l'on apprendrait à embrasser les côtés positifs aussi bien que les côtés négatifs. Chaque élève recevrait ainsi les bonnes impulsions qui lui permettraient de renforcer son estime de soi.

Fait intéressant : aux États-Unis, on a demandé à des enfants d'où vient le lait. La réponse va peut-être vous étonner, mais la plupart d'entre eux pensaient vraiment que le lait vient du supermarché. Dans ces systèmes sociaux que sont notamment l'école, nous avons perdu toute connexion à la nature, toute connexion à nos propres sentiments, et toute connexion à notre prochain.

Encore plus intéressant – posez-vous la question : « Qu'avez-vous retenu de votre scolarité ? » Vous verrez qu'en général, vous vous souviendrez des matières qui vous ont passionné, dans lesquelles vous étiez motivé. Ce que l'on apprend n'a de valeur que si on l'assimile avec passion et enthousiasme.

Cette passion fait pourtant souvent défaut, il suffit de regarder le manque de motivation des élèves. Une partie d'entre eux quitte l'école prématurément, et ne passent même pas le bac.[8]

Ajoutons à cela un autre aspect : Combien de programmes l'école propose-t-elle pour développer l'intelligence émotionnelle ? Où apprend-on l'empathie et la compassion ? L'éducation ne constitue que la moitié de ce que notre cerveau absorbe au travers de thèses et de théories. Mais le sentiment physique, la sensibilité, et même l'empathie ne font l'objet d'aucun apprentissage. Nous ne pouvons pas laisser ces défis aux seuls hommes politiques. Il s'agit de quelque chose qui relève de notre responsabilité à tous. Cette fameuse élite responsable de l'éducation devrait travailler main dans la main avec

---

[8]Westfälische Nachrichten, SchulTüV, Wieviele schaffen welchen Abschluss, publ.14.04.2011 (article du journal Westfälische Nachrichten, SchulTüV, Combien d'élèves obtiennent quel diplôme, du 14.04.2011)

les citoyens pour mettre en place ces nouvelles exigences, ces nouvelles idées.

Une étude sur le développement de l'empathie chez l'enfant a révélé certains aspects :[9]

« Nous constatons régulièrement que les enfants ne savent plus se mettre à la place de l'autre », explique le Dr Brisch, médecin-chef de la clinique pédiatrique et policlinique de l'Université Ludwig-Maximilian de Munich. Et cela risque de s'empirer au cours des années à venir. « C'est une véritable avalanche qui va nous tomber dessus. »

Cela vient des grands groupes à la crèche, d'exigences de plus en plus strictes, d'éducatrices et éducateurs débordés et de nombreux enfants présentant des troubles du langage. Nombreux sont les nouveau-nés âgés de quelques semaines seulement que l'on confie à des crèches en manque de personnel.

L'empathie est « quelque chose d'indispensable pour l'humain, sans elle, il est impossible de nouer des relations durables et satisfaisantes, que ce soit en amour ou en amitié, et plus tard avec ses enfants », affirme le Dr Brisch.

Normalement, un enfant apprend l'empathie auprès de ses parents et dans les systèmes éducatifs de qualité. Si ce n'est pas le cas, les enfants risquent de « rencontrer de graves difficultés à l'école, avec leurs camarades de classe et ailleurs. »

Des études menées en Autriche auprès de 250 enfants en école primaire et dans des groupes d'enfants à Munich ont abouti aux mêmes résultats, selon le Dr Brisch.

Cette étude montre qu'il est important de mettre les enfants au contact de la nature, des animaux ou de personnes vulnérables telles

---

[9] « Empathie durch Babywatching » Karl Heinz Brisch, www.khbrisch.de (L'empathie par l'observation des bébés)

que des nouveau-nés. Cela leur permet d'établir une connexion avec leurs émotions et d'apprendre à se mettre à la place des autres, et à communiquer mais aussi de découvrir tout ce que l'on peut obtenir avec de l'amour et de la patience. Un dirigeant qui est connecté à ses sentiments paraitra plus authentique, plus intègre et aura un meilleur contact avec son équipe. Une entreprise dont les employés sont satisfaits, où l'on accorde de l'importance à la communication et à l'ambiance, présentera de meilleurs résultats dans l'ensemble.

L'empathie est un trait de caractère qui ne peut exister que si la personne éprouve de l'empathie pour elle-même et si elle ne doit pas se battre sans cesse pour son estime.

Un cadre qui doute inconsciemment de lui-même ne pourra jamais exploiter tout son potentiel. Il aura toujours peur pour son existence et pour sa position. Lorsque vous pensez constamment et inconsciemment à l'impression que vous allez donner, ou lorsque vous vous demandez si vous avez suffisamment d'autorité, vous verrez ces doutes déteindre sur votre comportement. Vous aurez constamment peur d'échouer, et compenserez rapidement cette incertitude par un comportement autoritaire, dépourvu d'authenticité. N'avez-vous jamais eu à faire à un chef lunatique ou tyrannique, au comportement passivement agressif, avec lequel les collaborateurs ne savent jamais sur quel pied danser ? Et ce chef ne voit même pas comment vont ses collaborateurs.

Mais la force est pourtant justement dans cette vulnérabilité, dans une communication ouverte et honnête, où l'on peut reconnaitre ses faiblesses ou ses erreurs.

Un cadre doté d'estime de soi assume ses forces et ses faiblesses. Il n'a pas besoin de masque pour s'affirmer auprès de ses collaborateurs !

Une équipe fonctionnera mieux si le chef pratique une communication positive, s'il connait ses propres limites, s'il fait preuve d'empathie, sans se laisser guider par ses frustrations ou ses projections.

En outre, une personne avec une bonne estime de soi et des compétences en matière de communication risque moins de sombrer dans un burn-out. Il a automatiquement une plus grande confiance dans les personnes de son entourage. Reconnaissance et confiance permettent de mettre à jour le meilleur en chacun de nous, dans chaque équipe.

Comment les chevaux réagissent à l'amour de soi

Johann, un garçon de 14 ans, accompagnait sa mère à une séance d'équicoaching systémique. Sa mère se plaignait de ses problèmes de concentration à l'école et de son manque de confiance en lui. Il avait déjà consulté un pédopsychologue, qui avait beaucoup parlé avec lui de ses centres d'intérêt, de ses peurs. Et pourtant, ce jeune homme ne paraissait pas se sentir mieux. Pour tenter une expérience, nous lui avons recommandé une séance d'équicoaching, ne serait-ce que parce que l'environnement naturel lui permettrait de trouver du calme.

Le cheval se tenait seul dans la carrière, et le jeune homme allait se placer dans la carrière. Juste avant, il avait avoué qu'il avait un peu peur du cheval. Le coach l'avait alors emmené dans l'écurie, pour brosser et caresser le cheval. Il s'est un peu détendu en voyant que le cheval se tenait tranquille et se contentait de le renifler et de lui lécher brièvement la main. Il a même souri au contact du pelage doux et du bout du nez du cheval.

Dans la carrière, le cheval est resté à l'écart du garçon. Je lui demandais alors ce qu'il ressentait, s'il reconnaissait une situation.

« Le cheval se tient là-bas, tout seul. »

« Et toi ? » lui demandais-je.

« Je suis aussi souvent seul », admit-il. « Je n'ai pas beaucoup d'amis et ils se tiennent aussi loin de moi, comme le cheval. » Johann identifiait spontanément et intuitivement le cheval à un éventuel ami.

Dans ce genre de situation, on constate que le cheval prend aussi l'énergie de ce soi-disant ami. Je laissais Johann revivre ce sentiment de solitude, le laissant en face de ce « Je ne suis pas assez bien ».

Johann avait l'air blessé et triste.

Je lui demandais alors ce qu'il aimait faire, où il se sentait le mieux.

« Quand je fais des sudokus, ou quand je monte mes maquettes de bateaux. »

Je lui demandais ensuite de fermer les yeux et de se souvenir de cette sensation, de cette fierté et de ce bonheur, et de visualiser le fait que cette joie face à ses compétences était comme une lumière chaude à l'intérieur de lui-même.

Johann s'exécuta et au bout de quelques secondes, le cheval s'approcha de lui, se postant devant lui pour poser le bout de son nez sur son ventre.

Johann ouvrit les yeux et paraissait comblé. Il venait de voir ce que c'était que de percevoir son amour de soi, éprouvant l'effet que cela pouvait avoir sur le cheval, son ami ou son environnement !

C'est un exercice simple qu'il pouvait faire au quotidien. Une bonne estime de soi attire les gens, notamment ceux qui partagent les mêmes centres d'intérêt. C'est un premier pas vers une vie plus comblée.

Cet exemple illustre bien comment on peut utiliser un animal dans un coaching thérapeutique ou dans des programmes pédagogiques, pour aider les enfants dans leur développement et en faire des adultes plus équilibrés, et, par conséquent des citoyens responsables, qui pensent au bien-être général de tous, et qui élisent des hommes politiques plus responsables et actifs !

Voici un petit exercice à faire chez vous, sans cheval :
Installez-vous confortablement. Respirez profondément et imaginez une lumière, juste au-dessus de votre tête. Elle entre par le dessus de

votre crâne pour emplir votre corps d'une lumière blanche et d'énergie. Essayez d'imaginer cette lumière de la conscience universelle au plus profond de vous, de ressentir sa chaleur et sa couleur. Cette lumière vous donnera de la force. Faites de même avec une lumière bleutée qui représente votre croyance personnelle.

Lorsque vous serez parfaitement détendu, visualisez les situations qui vous procurent du bonheur. Essayez de ressentir l'ambiance, les personnes, l'environnement, l'odeur, les bruits, en captant chaque détail, et essayez parallèlement de retenir cette sensation le plus longtemps possible.

Vous aurez peut-être des idées qui pourront vous aider.

Cet exercice est efficace en situation de stress et de manque de confiance face à une situation à venir. Vous verrez qu'au bout de quelques minutes vous serez plus détendu et plus sûr de vous.

Le grand pré – les chevaux nous révèlent des tendances et des énergies dans la société actuelle

Dans ce chapitre, j'aimerais m'arrêter sur la connexion dans le macromonde. Il s'agit de la connexion dans la société et du rôle important de la nature et des chevaux.

Pour réfléchir à une question sociale, nous nous étions placés, mes collègues et moi, dans le pré. Une coach systémique travaillant avec des chevaux avait invité son collègue (un chamane) à venir collaborer. Lors du coaching ou du travail systémique avec les chevaux, on peut révéler une certaine question. Mais une seule personne doit poser cette question. Au cours du processus de coaching, les chevaux sont en mesure de révéler certains éléments ou certaines situations qui sont importantes à ce moment-là. C'est la fameuse question que cache la question. Par expérience, on sait que les chevaux ne révèlent que ce qui est important à ce moment-là pour la personne concernée. Cela concerne souvent des causes systémiques.

Ainsi, si une personne souhaite travailler sur la question : « Comment puis-je gagner plus d'argent dans mon travail ? », il se peut – et c'est même généralement le cas – que le cheval montre d'abord à cette personne d'éventuels blocages. Il peut s'agir d'idées qui bloquent la personne, et qu'elle aurait endossées inconsciemment de sa mère ou de son père. Bien entendu, c'est par là qu'on commence.

Une fois que l'on a exploré cet aspect systémique, on peut passer à la suite. Les chevaux ne s'arrêtent jamais de travailler et lorsque l'ont atteint un point où la personne a vécu son sujet principal dans le présent (y compris de manière émotionnelle), il faut lui laisser le temps nécessaire pour digérer.

Dans notre cas, la question allait bien plus loin. Il s'agissait en effet de voir dans la situation actuelle dans la société quelles forces étaient déclenchées et quelles forces étaient négligées. Je sais bien que l'on associe encore le chamane à des phénomènes occultes, à de la magie et à quelque chose d'inaccessible. Le chamanisme est pourtant aussi vieux que le monde, et surtout très connecté à la nature. Les chamanes partent de la connexion logique entre l'être humain et les animaux. Ils permettent de se pencher sur des questions personnelles ou sociales, de les représenter symboliquement dans un pré, où chacun endosserait spontanément et intuitivement un rôle. Pour cela, il suffit de suivre son instinct, d'écouter son corps. On cache plus de sagesse à l'intérieur de soi que l'on ne soupçonne. On emploie de plus en plus souvent cette méthode pour les questions des entreprises, et avec succès, car elle permet de révéler des forces invisibles et la dynamique de l'entreprise. Des études scientifiques ont confirmé que tout n'est qu'énergie et vibrations. Notre énergie se mesure et se décode. Depuis peu, des biologistes ont même pu transcrire un code énergétique pour l'être humain, les animaux et les plantes, et même pour les matières inertes telles que les pierres. Il existe également une énergie mentale, impossible à visualiser en laboratoire. Pourtant, on peut reconnaitre la vibration qui nait de l'interaction avec d'autres personnes.[10]

Une fois que nous avions tous pris place dans le pré, les chevaux sont arrivés au galop. Super timing. Nous venions tout juste d'inspirer

---

[10]Journal Wiener Zeitung « Schamanen als Firmenseelenheiler », 11.02.2013 (Les chamanes comme guérisseurs de l'âme des entreprises)

et d'expirer de manière consciente, et étions donc en mesure de suivre notre instinct, notre intuition.

Les chevaux révélaient une situation agitée et arrivaient avec un certain esprit de lutte. Seule la jument, qui représentait clairement le côté « féminin, les soft skills » de la société (empathie, connexion et amour) s'est postée sur la colline à côté de la carrière et semblait tout embrasser du regard et dominer la situation. Elle finit par rejoindre les autres chevaux qui gambadaient ou se tenaient immobiles dans la carrière. Les participants devaient aussi suivre leur instinct et se rendre là où ils avaient envie de se trouver.

Les juments étaient réparties au milieu, ainsi que les hongres. La situation était confuse, et les participants étaient parfois poussés à se diriger vers l'est (l'est, point cardinal de l'action), ou à se tenir dans des discussions au nord (pensées, raison) et à l'ouest.

Une femme qui se tenait dans le nord-ouest s'est sentie mal et a dû s'asseoir pour pouvoir rééquilibrer le mouvement perpétuel des pensées avec le sentiment.

« Relâche tes pensées » lui intima le chamane, « et écoute ton intérieur, écoute ton ventre, c'est la source de la créativité, en amont de la raison ».

L'homme qui participait se déplaçait alors du nord vers le milieu, en dansant comme un clown. Ses mouvements devenaient très saccadés, comme une obsession compulsive, et il finit par tomber au sol où il essaya de se calmer.

La femme qui se tenait tout le temps dans la partie sud (la sensibilité), était absente. Personne ne la voyait. Alors qu'elle voulait quitter le pré, vexée, les autres femmes ont commencé à lui parler : « Tu te trompes, tu dois obéir. Ce n'est pas vrai ».

L'homme chamane a ensuite commencé à se disputer avec la coach qui accompagnait le processus : « Tu ne tiens pas compte du bien-être des chevaux – tu fais tout à ta manière ! Tu m'as déstabilisée, car j'ai ma propre façon de travailler! »

Mais le chamane ne changea rien et continuait à dire aux gens ce qu'ils devaient faire dans le pré. Le ton monta et le chamane quitta le pré, refusant de continuer. Tout le monde était outré. Personne ne comprenait plus le sens de ce cercle chamanique, et tous décidèrent de faire une pause pour repartir de zéro.

Ce n'est que plus tard que nous avons réalisé que cela faisait partie du travail dans le grand pré. Cela ne faisait que représenter les forces actives à l'heure actuelle, les tendances existantes, et indiquer comment résoudre cette disharmonie dans le pré. Le grand pré représente la société, le monde, voire le monde des vivants et des morts. Il n'y a plus de frontières dans ce grand Tout, tout est lié.

Intuitivement, un groupe d'hommes s'est rassemblé à l'est (l'action humaine, la vitalité). Ils étaient tous alignés. Les femmes parlaient entre elles, en cercle, et l'une d'entre elle dit : « Nous devons rejoindre les hommes, pour effacer cette séparation ». Mais les dames continuaient de discuter. « Non, je n'irai pas, je suis trop bien pour ça, je suis incomprise, etc. ».

Au bout de quelques minutes, le chamane est revenu et s'est excusé. Il aurait aimé conduire la séance comme il avait l'habitude de le faire. C'était la règle, le protocole du travail du chamane.

Il n'avait pas l'habitude de l'intervention des chevaux et d'une autre personne.

« Tu veux toujours tout faire à ta manière » lui répondit la coach, sur un ton plus calme, « mais tu ne me laisses pas de place pour ma méthode ! Tu ne tiens pas compte de la sensibilité des chevaux et des participants ! »

« Je suis désolé », répondit le chamane.

Un grand silence suivit, même la nature s'est tue un instant. Le chamane a rejoint le groupe d'hommes qui se tenait près de lui sans rien dire. Les femmes, avec la coach en tête, se trouvaient à quelques pas du groupe d'hommes.

Quelque chose changea, c'était palpable, au moment où le chamane, puis le reste du groupe d'hommes s'inclinèrent devant les femmes. Ce fut un moment magique. Une vague d'émotion traversa le groupe. Les femmes étaient émues aux larmes en voyant les hommes inclinés devant elles, comme si tous les malentendus n'avaient soudainement plus aucune importance, et comme si la force créative sensible de la féminité était reconnue et intégrée dans le champ actuel.

Les femmes ont intuitivement ressenti qu'elles avaient la possibilité de s'incliner par respect pour le groupe d'hommes. Face à cette scène, la plus vieille des juments se posta à côté de nous alors que les autres chevaux étaient paisiblement répartis dans le pré. Ressentir une nouvelle harmonie est un phénomène très vivifiant. Les mots deviennent futiles.

La connexion de la forme masculine, assertive et créatrice à la force féminine ouvre de nouvelles possibilités : gestion et empathie, protocoles et communication, technique et créativité, systèmes informatiques et humain, et sans conteste, un monde meilleur, plus gai, avec plus de justice et de responsabilité.

Calme

La fête de l'entreprise battait son plein. Tout le monde s'était souhaité de passer de bonnes fêtes, et toute l'équipe s'était retrouvée autour d'un dîner festif. Même Walter, pourtant introverti, s'était retrouvé sur la piste de danse avec son amie.

Envolée, l'ambiance tendue qui régnait dans l'entreprise, avec des groupes qui ne s'appréciaient pas. Les discussions à table étaient animées, de nouveaux contacts s'étaient noués et le nombre d'absences pour cause de maladie avait diminué.

Stephan était sur la terrasse avec sa femme. Ils admiraient tous les deux le parc et les lumières brillant au loin. Il flottait dans l'air un parfum de feuilles d'automne et de pin.

Stephan se sentait plus détendu qu'autrefois. Il avait appris à déléguer et à faire confiance aux membres de son équipe. Il avait appris à se consacrer plus aux êtres humains qu'aux processus. Il lui arrivait même d'avoir des discussions informelles et agréables avec ses collaborateurs, leur montrant son intérêt personnel. Il avait ainsi découvert un nouveau monde très intéressant, et notamment un collègue qui adorait la mer comme lui et se passionnait pour les bateaux, une collaboratrice qui avait un don pour le design et la conception de nouvelles brochures.

En cas de problèmes de livraison, on pouvait désormais parler ouvertement de l'erreur commise dans le service, et réfléchir activement pour une plus grande efficacité.

Il leur arrivait ainsi d'échanger des idées que l'on pourrait mettre en place plus tard, et ils étaient assis là, détendus, ensemble, devant un agréable feu de cheminée.

Obscurité et lumière

Que le monde semble vide, soudain. Si seulement on pouvait revenir en arrière et effacer ce qui venait de se passer, comme si ce n'était jamais arrivé ! Cette année-là, dans le sud de la France, le mois de mars avait été extrêmement pluvieux. Les abris étaient inondés, car les pluies diluviennes ne parvenaient plus à s'écouler. J'essayais de mettre les chevaux Quieto, Juan et Olaf au sec, mais même la prairie de jeux ressemblait à une piscine avec quelques ilots secs.

Heureusement, mes gars avaient plus d'herbe à brouter lors des promenades, et ils avaient au moins les sabots au sec. Quieto, le plus âgé, semblait en avoir assez de ce temps. Il était content d'y échapper quelques instants pendant notre promenade du soir. Et puis j'ai dû m'absenter quelques jours. C'est alors qu'on m'informa que Quieto avait fugué de son abri. Il avait apparemment rejoint les autres chevaux sauvages et broutait gentiment avec eux.

Le propriétaire du ranch le laissa profiter de sa sortie. Il le ramènerait dans son abri le soir. Juan était resté là, calme, et n'avait apparemment pas eu envie de le suivre.

Le soir venu, j'étais inquiète. Il commençait à faire nuit et je ne me sentirais mieux qu'une fois que je saurai où se trouvaient les chevaux. Je rappelais la propriétaire du ranch.

« Oui », me dit-elle gaiement, « je vais aller le chercher. »

Puis plus rien pendant un long moment. Au bout de deux heures, j'ai reçu la terrible nouvelle : on l'avait retrouvé, allongé dans l'herbe, comme dans un conte de fée, mais sans vie. Apparemment, il avait cherché un endroit où mourir tranquille. Entre les oliviers et les bouleaux, dans l'herbe bien grasse, loin de toute cette eau. Mon ami... de 12 ans... venait de me quitter.

C'était horrible, j'allais mettre très longtemps à digérer sa disparition.

Trois mois plus tard, son fidèle et joyeux ami Juan l'a rejoint. Il a été frappé par la foudre lors d'un orage. Sous l'abri d'Olaf. Avait-il pris sa place pour le protéger, pour lui permettre d'avoir toute mon attention et partager plus d'expériences avec moi ? Alors que j'accourais en plein orage, paniquée, vers Juan, allongé au sol, inanimé à côté de l'arbre, Olaf se posta devant moi, tremblant, m'interrogeant du regard.

Le monde venait de changer. Aujourd'hui, lorsque je vois des forsythias jaunes, je pense à ces deux joyeux camarades à la robe blanche, qui m'ont tant appris. Ce sont eux qui m'ont révélé les premiers résultats étonnants du coaching systémique.

Un soir, j'étais assise dans l'herbe, près de leurs boxes. C'était une journée ensoleillée, tout était de nouveau enfin sec. On voyait partout des petits oiseaux et des papillons. Je repensais à mes deux amis, et dans le calme de cette après-midi, ces mots me vinrent soudainement :

« L'énergie ne se perd pas, nous sommes toujours là... – nous sommes heureux d'avoir pu t'aider pour le coaching systémique et dans ta vie. Ce n'est qu'un début ! Mais il y a encore tant de choses que nous pouvons faire pour vous, les humains. Vous êtes loin d'avoir découvert tout ce que nous, les chevaux, pouvons faire pour vous aider !

Écoutez plus vos sentiments, prêtez plus d'attention aux animaux et à la nature, vous allez découvrir de nouvelles possibilités ! Concentrez-vous sur la raison et les émotions, c'est important. Avec de la confiance et un amour inconditionnel, vous aurez la place pour de nouvelles choses. »

Ça m'a fait chaud au cœur. J'ai remercié mes deux amis, et en levant les yeux vers le ciel, j'ai aperçu un grand aigle majestueux tourner au-dessus de moi...

Bibliographie

Eidelberg, Ludwig : Das Gesicht hinter der Maske, Hippokrates Verlag, Stuttgart, 1948

Areford, David: The Art of Empathy, D Giles Ltd, 2013.

Botbol, Dr Michel/Garret-Gloanec, Nicole: L'empathie au carrefour des sciences et de la clinique: Colloque de Cerisy, Doin, 2014.

Bloom, Paul: Against Empathy, Ecco Press, 2016.

Brenninkmeijer, Alex/Bonnkamp, Dick/van Oven, Karen/Prein, Hugo: Handboek mediation, Sdu Uitgevers, 2016.

Chakrabarti, Shantanu: Searching for Non-Western Roots of Conflict Resolution: Discourses, Norms and Case-Studies, K W Publishers Pvt Ltd, 2013.

Christians, Clifford/Traber, Michael: Communication Ethics and Universal Values, Sage Publications, 1997.

van Gestel-van der Schel, Nanda: Het paard als spiegel van de ziel, Rozhanitsa, 2009.

Hallberg, Leif: The Clinical Practice of Equine-Assisted Therapy: Including Horses in Human Healthcare, Routledge, 2017.

Jandt, Fred E.: An Introduction to Intercultural Communication: Identities in a Global Community, Sage Publications, 2004.

Juba, Brendan: Universal Semantic Communication, Springer Verlag Berlin-Heidelberg, 2011.

M.A, Schonewille, Toolkit Mediation, Boom Lemma,2005

Kirby, Meg: An introduction to Equine-Assisted Psychotherapy, Balboa Press Australia, 2016

Knaapen, Ruud: Coachen met paarden, Uitgeverij Boom/Nelissen,

2012.

Konir, Gerhard: Pferdegestütztes Coaching, Books on Demand, 2012.

Lemstra, Boudewijn: Eerste hulp bij organisatievraagstukken: de mogelijkheden van systemisch werken in bedrijf en organisatie, Brave New Books, 2016.

Mai, Nguyen-Phuong: Intercultural Communication: an Interdiciplinary Approach, when Neurons, Genes and Evolution joined the Discourse, AUP, 2017.

Ramsbotham, Oliver/Woodhouse, Tom/Miall, Hugh: Contemporary Conflict Resolution, Polity Press, 2011.

Sart, Gamze: Emotional Intelligence in Peace and Conflict Resolution Education: Developing Peace Cultyure by Improving Emotional Intelligence, LAP Lambert Academic Publishing, 2012.

Schafer, Svenja: Unterrichtskonzept zum Thema Empathiebildung mithilfe des Films ,Davids wundersame Welt', Grim Verlag, 2016.

Schonewille, M.A.: Toolkit Mediation, Boom Lemma Uitgevers, 2012.

Trujillo, Mary Adams; Re-Centering Culture and Knowldege in Conflict Resolution Practice: Culture and Knowledge in Conflict Resolution Practice, Syracuse University Press, 2008.

Veenbaas, Wibe/Goudswaard, Joke/Verschuren, Henne Arnout: De maskermaker: systemisch Werk en de Karakterstructuren, Van Phoenix Opleidingen Utrecht, 2015.

Volcic, Zala/Prof. Gallois, Cindy/Dr. Liu, Shuang: Introducing Intercultural Communication: Globl Cultures and Contexts, Sage Publications, 2010.